## 完本
# 忍者の教科書

伊賀忍者研究会 [編]　山田雄司 [監修]

The Ninja　　Textbook

笠間書院

# 『完本 忍者の教科書』はじめに

　今回、笠間書院さんから「忍者の教科書」と「忍者の教科書2」を「完本」という形で1冊の本にしないかとの提案をいただきました。発行して7年が経ちますが今なお「忍者の教科書」の注文があるそうです。さらに第五版まで発行しているので、ぜひとも残したい本と言われました。しかし、最近は原油や資材の高騰で出版業界も厳しい状況での結論が、「完本なら可能」ということでした。とても嬉しいことで二つ返事でよろしくお願いしますと答えました。感謝しています。

　最初に現在の忍者ブームは三重大学がアクションを起こしました。「忍者の教科書」の監修者、山田雄司先生が先頭になり、忍者を学問的に研究する「忍者学」を提唱しました。三重大学が本気で忍者学を学問として「国際忍者学会」も設立しました。私の師匠中島篤巳先生が初代学会会長になりました。三重大学の本気度は他にも、人文学部で「大学で忍者を学ぶ」という忍者学講座を開設したのです。するとこの講座を受講したい応募者が多く、くじ引きで受講者を決めるという人気ぶりだったと聞きました。「忍者の教科書」を教科書として採用していただいたとのことです。大学で使われる教科書、この本の価値を裏付けるエビデンスです。

　「忍者の教科書」のコンセプトは小学校高学年から読める忍者の入門本です。

　「忍者の教科書2」は「忍者の教科書」をレベルアップした本です。当時の忍者界のオピニオンリーダー6人が執筆しました。事実、この7年間でそれぞれが、素晴らしい忍者に関する本を出版しています。その6人の原点が詰まっているのが「忍者の教科書2」です。私の先見の明は大正解でした。

　新型コロナウイルスが3年間世界を震撼させました。日本のインバウンドは好調でしたがコロナのためにゼロに戻りました。しかし、人々は耐えてワクチンを開発し乗り越えました。耐えることは忍者のように忍ぶことです。そして、ようやく日本のインバウンドも復活してきました。訪日客数が史上最高となっています。彼らは観光客でなく、日本文化体験客となってきました。それならば忍者は最適のコンテンツです。飛んだり跳ねたりする虚像の忍者でなく、実像の忍者を知ることは重要です。

　本書はその役割を担うことができます。忍者が生まれた伊賀や甲賀の子どもたちだけでなく大人も含めこの本を読み実像の忍者を理解して忍者を語れるようになって欲しいです。海外の忍者ファンは本書を読んで日本語も学べると思います。

　忍者は戦いを好みませんでした。情報戦で勝負していました。これは現代でも通じます。これからの世の中を生き残るために本書を読んでいただき、忍者の生きる力を学んでいただければ、それは望外の喜びです。

伊賀忍者研究会上忍　池田裕

『完本 忍者の教科書』はじめに …………… 2

# 第1部　忍者の教科書
新萬川集海

はじめに ……………………………………… 7

## 1. 忍者の仕事 …………………………… 8

## 2. 忍者の歴史
❶ 伊賀忍者の歴史 ………………………… 10
❷ 甲賀忍者の歴史 ………………………… 12
❸ 鉤の陣 …………………………………… 13
❹ 戦国時代 ………………………………… 14
コラム① 信長襲撃 ……………………… 15
❺ 伊賀惣国一揆 …………………………… 16
❻ 天正伊賀の乱 …………………………… 18
❼ 神君伊賀越え …………………………… 20
❽ 関ヶ原の戦い前後 ……………………… 22
コラム② 甲賀流忍術屋敷 ……………… 24
❾ 江戸時代 ………………………………… 25
❿ 忍者の歴史年表 ………………………… 28
コラム③ 松尾芭蕉忍者説 ……………… 29

## 3. 忍術と忍具
❶ 忍術とは ………………………………… 30
コラム④ 妖者の術を使った楯岡道順 … 33
❷ 忍術書 …………………………………… 34
❸ 陽忍と陰忍 ……………………………… 36
❹ 忍び六具 ………………………………… 37
❺ 七方出 …………………………………… 39
❻ 忍食 ……………………………………… 41
❼ 忍薬 ……………………………………… 42
❽ 甲賀の薬と山伏 ………………………… 43
コラム⑤ 観阿弥忍者説 ………………… 45

## 4. 忍者エッセイ ［特別寄稿］
修験と忍者 ………………………………… 46
　●山田雄司

『NARUTO』と『ONE PIECE』………… 50
　●吉丸雄哉

おわりに ……………………………………… 54

# 第2部　忍者の教科書2
### 新萬川集海

はじめに ………………………………………………………… 56

## 1. 忍者の歴史をおさらいしよう!
──情報収集、情報発信のスペシャリストたち
忍者の歴史と基礎知識　●池田 裕 ………………………… 58

## 2. 忍術書を読んでみませんか?
──極限状態で生き抜いた忍者たちの生きる術
忍術伝書の双璧『萬川集海』と『正忍記』　●中島篤巳 …… 70

## 3. 忍術の心得を知ろう!
──戦わずして相手を制し共存する術
忍術伝承者が語る「忍びのこころ」　●川上仁一 ………… 78

## 4. 忍者の本当の姿とは?
──こつこつと役を務めた二人の忍者
甲賀忍者・山岡道阿弥と木村奥之助　●渡辺俊経 ……… 84

## 5. 忍者研究余滴
──忍者・忍術研究の現場から
古文書に見る忍者　●山田雄司 …………………………… 92
"忍者 VS 忍者"の系譜　●吉丸雄哉 ……………………… 98

## 6. 伊賀・甲賀忍者史跡探訪 ………………………… 103
●池田 裕

おわりに …………………………………………………… 112

『完本 忍者の教科書』おわりに …………………… 113

＊本書は 2014 年発行『忍者の教科書 新萬川集海』と 2015 年発行『忍者の教科書2 新萬川集海』を、一部内容を調整して合本にしたものです。

# 忍者の教科書

### 新萬川集海
しん まん せん しゅう かい

**伊賀忍者研究会【編】**
山田雄司（三重大学）【監修】

## The Ninja Textbook

笠間書院

# はじめに

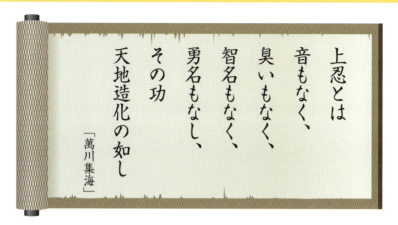

上忍とは
音もなく、
臭いもなく、
智名もなく、
勇名もなし、
その功
天地造化の如し

「萬川集海」

　わたしたちの住む伊賀（三重県）、そしてお隣の甲賀（滋賀県）には、かつて多くの忍者が存在していました。今日、漫画やアニメ、小説、映画などでおなじみの忍者は、日本ではもちろん、世界でも「Ninja」という言葉が通用するほど、人気のある存在です。しかし、その実態は長らく謎に包まれていました。

　伊賀・甲賀に伝わる忍術書「萬川集海（まんせんしゅうかい）」に、忍者とはどのような存在なのか、上記のように書かれています。真の忍者とは、姿を見せず、音も立てず、名はもちろんのこと、勇ましくて強いという評判も残しません。しかし、天地を造るかのような偉業を成し遂げるのです。**忍者の主な仕事は情報を収集すること**です。情報を得るためには、敵に知られないよう、目立たずに行う必要がありました。だから、忍者たちは常に歴史の舞台裏にいました。

　そんな歴史の影のヒーローだった忍者たちは、教科書には登場しません。けれども最近は、大学において忍者の本格的な研究がはじまり、その実態が明らかにされつつあります。「忍者の教科書」は、皆さんにより深く忍者のことを知ってもらいたくて作りました。また、副題の「新萬川集海」とは、この本を、「萬川集海」に書かれている忍術を取り上げて、わかりやすく伝える本、現代の「新しい萬川集海」にしたい、という想いから名付けました。

　全国の忍者が大好きな皆さんに読んでいただき、もっと忍者を好きになってもらえたら嬉しく思います。

伊賀忍者研究会代表　池田裕

「萬川集海」（大原氏蔵）

# 1 忍者の仕事

**忍者とは**

　今や日本のみならず、世界中でCool Japanの代表的なものとして人気のある「忍者（Ninja）」ですが、忍者とは何者なのか、きちんと説明できる人はほとんどいません。

　忍者の主な仕事は情報収集です。情報を得るためには、相手に悟られず、目立たずに行う必要がありました。戦国時代、忍者は戦国大名の傭兵として活躍します。雇い主が戦に有利になるよう、敵側の戦力などの情報を収集するために、さまざまな忍術を用いました。忍者は証拠を残しては失格です。そのため、忍者に関する史料があまり残っておらず、その実態は今も研究が進んでいる最中です。

Ninja（David Conway 画）

**忍者発祥の地・伊賀と甲賀**

　忍者といえば伊賀と甲賀が有名です。なぜかというと、三重県北西部の伊賀と滋賀県南部の甲賀の地は、山に囲まれています。また、当時の政治の要であった京都に近く、早く中央の情報が入るという利点を活かし、戦国時代は重要な地でした。戦いに敗れた者たちが潜むには絶好の隠れ里にもなっていました。そうした伊賀と甲賀の地だからこそ、戦術に長けた忍者が生まれました。彼らは伊賀者、甲賀者とも呼ばれました。

現代忍者
（白藤の滝　伊賀市山畑）

　ちなみに、忍者は歴史的には「しのびのもの」が、正しい読み方です。「にんじゃ」という読み方は、小説やドラマなどの創作物が元で、昭和時代以降からです。しかし、現代は「にんじゃ」の方が一般的なので、この本は史実に基づいて書いていますが、あえて「忍者の教科書」としています。

**情報収集と発信**

　忍者は情報を収集・発信するため、さまざまな忍術を生み出しました。詳しくは、「3．忍術と忍具」の章で説明します。情報の発信方法の一つに、狼煙があります。狼煙は古くからありましたが、忍者はいち早く自分たちのものにしました。伊賀と甲賀に伝わる忍術書「萬川集海」には、多く

狼煙の実験（名張市竜口）

の種類の狼煙について書かれています。平成13年に、名張市竜口の狼煙山と呼ばれる山で、伊賀町立霊峰中学校の生徒たちと合同で狼煙の実験を行い、その結果、狼煙は今でも十分に使えるということがわかりました。

## 忍者の生活

忍者はどのように一日を過ごしていたのでしょうか。

例えば、戦国時代の忍者は、大名の傭兵的な仕事をしていましたが、いつも戦があるわけではありません。忍者の生活については、織田信長が伊賀を攻めた天正伊賀の乱のことを書いた軍記物「伊乱記」の「伊州人民風俗之事」（伊賀の人々の風俗について）という項目に、次のように書かれています。

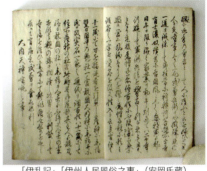

「伊乱記」「伊州人民風俗之事」（安岡氏蔵）

「平生は寅の刻に起きて、午の刻まで家業に精を出し、午後から日暮れまで、武芸弓馬の稽古をした。昔から伊賀の遺風として、忍術の通力を相伝し、いかなる要害といえども、忍び込めない所はなかった」。毎日午前4時に起きて、正午まで畑を耕すなど家業に従事しますが、午後からは稽古に専念していました。戦いに備えて、武芸弓馬を含む忍術を訓練していました。

## 忍者の心構え

命がけの危険な仕事をしていた忍者たちは、どのような心構えで仕事に臨んだのでしょうか。「萬川集海」巻之一に、忍者の心構えとして「正心」という項目があります。文字通り、正しい心を持つということです。「正しい心」とは、仁義、忠信を守るということです。仁義とは「人の踏み行うべき道のこと」、忠信とは「忠義と真実。誠実で正直なこと」という意味です。

つまり、忍者は雇い主のために、正しく道理を踏まえて忍術を使わなければ、忍び込んで何かを盗む泥棒と同じだ、というのです。

ある忍術書にも同様のことが書かれています。「君に忠にして、国を愛しての忍にして、この事を忘れれば、それ盗賊と同じなり、忘るるなよ」。忍者たる者は「正心」を持つことが、何よりも先に求められたのです。

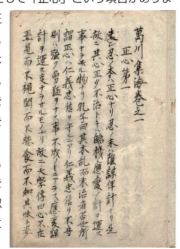

「萬川集海」（貝野氏蔵）
2行目に「正心」とある

# 2 忍者の歴史

## ❶ 伊賀忍者の歴史

### はじまりは渡来人の技術

忍者はなぜ伊賀に出現したのでしょうか。伊賀に多くの渡来人が住みついたことも遠因の一つだと考えられます。伊賀は渡来人の居住地として、稲作をはじめさまざまな条件が整っていました。渡来人は最先端の

鳴塚古墳（伊賀市鳳凰寺）

技術を伊賀に住む人々に伝えました。例えば、鉄を作る技術です。鉄があれば刀や鍬を作ることが出来ます。刀があれば戦いに、鍬があれば開墾に力を発揮します。

伊賀北東部に佐那具という地名があります。ここには5世紀前半に築造された前方後円墳、三重県最大の御墓山古墳があります。佐那具の「さな」は古代朝鮮語で金属に関する言葉、「ぐ」は人を表わす言葉です。つまり、佐那具は古墳の主である首長が支配し、鉄を作る者たちが住んでいた場所だと考えられます。他にも石山古墳を始め、服部川流域には、荒木車塚古墳、寺音寺古墳、鳴塚古墳などがあります。

### 渡来人・服部一族

戦国時代から江戸時代にかけて活躍した忍者に、服部半蔵がいます。半蔵の先祖も渡来人に関係しています。服部は「はとりべ」「はたおりべ」といい、古代に機織りの技能を伝えた渡来人だと考えられます。やがて「部」の部分が消え、転じて「はっとり」となりました。

小宮神社本殿（伊賀市服部町）

今も全国に服部という地名が残っていますが、服部氏の出自は伊賀国だといわれます。服部氏の祖で、平安時代の武将・服部家長の出自も伊賀国です。服部氏の氏神である小宮神社は、現在の伊賀市服部にあります。また、鎌倉時代の終わり頃には、服部持法ら一族が小宮神社の近くに居を構えていたと伝わります。服部氏は「源氏車に矢筈」の家紋を使っていました。矢筈とは矢の末端の、弓の弦を掛ける部分のことです。武士は矢筈の家紋を好んで使いました。

### 伊賀の荘園

天平17年（745）、聖武天皇が華厳宗総本山の東大寺（奈良市）を造りました。大仏殿は世界最大の木造建築物です。東大寺は9世紀には広大な荘園と僧兵を有して寺勢を誇りました。伊賀国には東大寺の荘園が多くありました。

寺の建造物を修復するために、常に膨大な木材が必要でした。そこで東大寺は、伊賀国から木津川上流の名張川を使って、木材を木津川下流、現在の木津川市（京都府）あたりまで、台風や大雨の時に流して運びました。津は「港」の意味なので、木津は「木の港」になります。伊賀の荘園に住む杣人（きこり）は山麓の地に次第に定着していき、田畑を作り、耕作農民となっていきます。特に伊賀南部の黒田荘と伊賀北部の玉滝荘が、東大寺における伊賀の荘園の中心地となっていきました。

伊賀国の荘園分布図
（阿山ふるさとの森公園資料館　伊賀市川合）

## 忍者の原型・黒田の悪党

10世紀末頃になると、黒田の杣人たちは村をつくり、東大寺の荘民として自立を強めていきます。東大寺に残る膨大な資料を「東大寺文書」と呼びますが、その半分以上が伊賀で起こったさまざまな出来事の記録だといいます。例えば、天喜2年（1054）、東大寺の支援を受けて荘園の拡大をはかる黒田の荘民と、国司との間に争いがありました。

黒田荘は東大寺下司職を一族で独占した大江氏が治めていました。下司とは、荘園の現地にあって事務を司る荘官のことです。忍者としても有名な百地氏は大江氏の末裔だといいます。やがて、大江氏は武士団を形成し、黒田荘は東大寺と対立するようになります。荘民は「黒田の悪党」と呼ばれる武士団に成長していきます。悪党とは「強い者」という意味です。この悪党が伊賀忍者の原型になったといっていいでしょう。

悪党の最盛期は、鎌倉時代後期から南北朝時代にかけてです。鎌倉時代の終わり頃、幕府の御家人・服部持法は、東大寺より訴えのあった悪党の取り締まりを命じられます。しかし、悪党には持法の身内の者もおり、持法は悪党の方が実入りがいいと考え、高畠右衛門太郎と名前を変え悪党になっています。そして、「当国名誉大悪党張本」（最も有名で、最大の悪党）と呼ばれる大悪党となり勢力をふるいました。

現在の黒田（名張市黒田）

南北朝時代、後醍醐天皇を助けた楠木正成も悪党と呼ばれました。南朝を支援した正成は、伊賀に修行に来たと伝わります。伊賀で近年発見された「上嶋家文書」には、正成が伊賀と濃厚な関係があったことが書かれています。「萬川集海」には、随所に楠木正成の活躍が書かれており、忍者が正成を尊敬していたことがわかります。

11

## ❷ 甲賀忍者の歴史

「忍術応義伝」（藤一水蔵）

### 古代の甲賀

甲賀の歴史は古く、「日本書紀」の「鹿深臣」に関する記述から、「こうか」は「かふか」に求められるという説があります。甲賀に伝わる「忍術応義伝」などには、聖徳太子に仕えた甲賀馬杉の大伴細人が、物部氏征伐の際に軍術をもって忍び入り勝利を得たので、聖徳太子より志能便と名付けられたとあります。江戸時代の書なので、史実といえないかもしれませんが、古代より、甲賀は戦乱によく巻き込まれた地でした。672年（壬申の年）、天智天皇の長子・大友皇子と、天智天皇の弟・大海人皇子（天武天皇）との戦い「壬申の乱」にも、甲賀は関わっていました。

甲賀の地形も忍者の発祥に関係していると考えられます。甲賀は滋賀県の最南端に位置し、東は標高1000mを越える鈴鹿山脈、中央はなだらかな丘陵と信楽山地、南部は伊賀と接します。鈴鹿山脈から野洲川や杣川が流れ、複雑に入り組んだ谷を形成します。農耕地は乏しく、狩猟ときこりが主な生活の支えでした。甲賀も渡来人が住みつき、泉古墳群は野洲川上流の首長の墓だといいます。奈良時代には聖武天皇が紫香楽宮の建設を目指したことも、甲賀の立地の重要性を物語っています。また、良質な木材を産出した甲賀は東大寺荘園で、戦略上で重要な地でした。

### 甲賀はかくれ里

いち早く都の情報を察知することができ、山間部のかくれ里だった甲賀には、都で戦乱があるたびに、多くの王、貴族、武士が逃れ、新しい技術や知識を持ち込んだと考えられます。そして、戦国大名たちの勢力に呑み込まれることのない政治の空白地帯でした。ここは落人や野武士、山賊がいた地です。過酷な状況の中で生き延びるには、有益な情報を手に入れることが必要でした。

平安時代から鎌倉時代にかけて、甲賀には山岳仏教の天台密教が浸透します。天台密教と修験道は関わりがありました。甲賀には飯道寺岩本院と梅本院があり、飯道山は修験道の一大聖地でした。修験者は地域を越えて、各地にネットワークを持っていました。甲賀者は修験道の術も取り入れ、戦国の強者、甲賀忍者が誕生したのです。

与謝蕪村が詠んだ「甲賀衆 しのびの賭や 夜半の月」や、松尾芭蕉が詠んだ「山かげは 山伏村の一かまえ」の歌は、甲賀山里の佇まいをよく表しています。

蕪村が詠んだ甲賀衆の歌碑
（矢川神社　甲賀市甲南町）

## ❸ 鈎の陣

### 六角氏の勢力拡大

　室町時代後期、近江守護・六角高頼が、自らの勢力を伸ばすために、近江の寺社領や公家の荘園などを押領、略奪しだしました。近江の寺社や荘園主は、その行為に対し、室町幕府9代

将軍が本陣とした安養寺（滋賀県栗東市）

将軍・足利義尚に訴え出ます。義尚は六角氏に対し再度にわたって返還命令を出しますが、六角氏はこれを無視し続けます。このことは室町幕府の権威にかかわることでした。ついに義尚は全国の大名に、六角氏の征伐の号令を出しました。動員令を下し総勢3万人を率いて京都を進発します。

　一方、迎え撃つ六角氏の兵力は6千人足らず。六角氏の主力部隊が、甲賀者と伊賀者でした。彼らは被官という好条件を出した六角氏を選びます。

### 忍者の存在を知らしめた戦い

　長享元年（1487）、世にいう「鈎の陣（長享の変）」が起こります。征伐軍が近江に入ると聞くや、六角氏は一戦も交えることなく甲賀山中に逃げ込みます。征伐軍は鈎（栗東市）に本陣を構えて山中に攻め込みますが、地形が複雑でわからず、甲賀者に散々に翻弄されます。疲れ果てて本陣に戻った幕府軍を、甲賀者は繰り返し襲撃し、恐怖に陥れます。この予測の出来ない神出鬼没の忍者の働きに、参戦した諸大名も己の陣営を固めるだけで、打って出ようとしませんでした。一説には、足利義尚は夜襲を受けた時、甲賀者に襲撃され、その時の傷が原因で延徳元年（1489）、25歳の若さで病没したと伝わります。

　この時、征伐軍を翻弄した甲賀者の戦法を「亀六の法」といいます。敵が攻めてくれば亀のように身を隠し、敵が長陣にて疲れ果てるのをじっと待つ。亀が首や手足を出し入れするような戦法です。また、この戦に参加した甲賀者を「甲賀五十三家」と呼び、中でも六角氏に感状（感謝状）をもらった「甲賀二十一家」は、特別の家格を許された名門となりました。

　江戸時代の書物「淡海温故録」には、「世に伊賀・甲賀の忍び衆と名高くいうは、鈎の陣に神妙な働き共を日本国中の大軍眼前に見及びし故、それ以来名高く誉を得たり」と書かれています。鈎の陣は、甲賀者・伊賀者の名を全国に轟かせた戦いとなりました。

甲賀五十三家
（甲賀流忍術屋敷　甲賀市甲南町）

## ❹ 戦国時代

### 戦国武将の傭兵へ

応仁元年（1467）、将軍継承争いと家督相続争いが原因で、応仁の乱が起こりました。約10年間におよぶ戦乱の結果、公家勢力・将軍権威が失われます。応仁の乱以後、織田信長の天下統一までを戦国時代と呼びます。鉤の陣で活躍した甲賀者・伊賀者は、以来、戦国武将の傭兵となって戦場を駆け巡ります。「武家名目抄」にも、忍者はこの頃発生したと書かれています。

六角氏感状
（阿山ふるさとの森公園資料館蔵）

永禄5年（1562）、信長は伊賀の近隣である伊勢に攻撃をかけ、同時に近江守護・六角義賢（承禎）を攻めます。義賢はその子・義治とともに、伊賀の音羽まで落ち延びます。甲賀と伊賀も、他国から狙われ始めます。信長の対抗勢力として、甲賀武士団が「甲賀郡中惣」という組織を立ち上げます。一方、伊賀は隣接する大和の三好党に対し「伊賀惣国一揆」という組織を立ち上げ、甲賀と手を組みました。戦国時代は各地の大名が力を持ち群雄割拠していましたが、伊賀・甲賀はその傘下に組み込まれることがなく、独自の体制を築いていました。

### 甲賀郡中惣

甲賀では、苗字を同じくする一族の血縁的組織があり、同名中惣と称しました。「惣」とは自治組織のことです。同名中惣は寄合いによって意志決定を行い、さらに、それぞれの中から選出された10人ほどの奉行による合議で甲賀郡中惣が運営されました。矢川神社（甲賀市甲南町）がその会場として利用されたという記録があります。

同名中惣には、山中同名中惣、大原同名中惣などがありました。同名中惣を組織した甲賀者は「甲賀五十三家」と呼ばれました。鉤の陣で活躍した「甲賀二十一家」は、柏木三家、南山六家、北山九家、荘内三家をいいます。甲賀武士団の中心的存在である山中氏は、平安時代、柏木荘官として土着し、鎌倉時代には、山中村地頭職として京都大番役を勤めた御家人だったと考えられます。

同名中惣では惣単位で掟を定め、現存する大原同名中惣の掟書は32カ条からなり、永禄13年（1570）に作成されています。

## コラム① 信長襲撃

### 音羽ノ城戸

「萬川集海」に音羽ノ城戸という名前が見られます。忍術名人11人の1人です。音羽という地名は今も残り、伊賀市北部にあたります。菊岡如元が著した軍記物「伊乱記」には、城戸を含む3人の忍者が織田信長を襲撃したという記録があります。

天正伊賀の乱が終わり、伊賀が信長に制圧され、その状況を確かめるために、信長は敢国神社に来ます。信長を待ち伏せていたのは、城戸と土橋の木工、印代の判官の3人でした。

音羽の城戸
（David Conway 画）

### 敢国神社

敢国神社は伊賀一之宮ともいいます。大彦命、少彦名命、金山比咩命の3神を祀り、創建は658年と伝えられます。3人は信長を狙い撃ちますが、3人とも弾は外れてしまいました。信長は運が強かったのです。仕方なく飛ぶ鳥のように逃げたと書かれています。

一方、甲賀者の杉谷善住坊も信長を暗殺しようと狙いますが、やはり、弾は擦るものの致命傷を与えることが出来ずに、信長に残酷な方法で処刑されました。

敢国神社（伊賀市一之宮）

### 役行者

城戸はある役行者（役小角）を崇拝したと伝わり、その像は今も音羽のある寺にあります。印代と土橋にも役行者像があります。

戦国の伊賀忍者は役行者を自分たちの守り神と考えていたのかもしれません。忍者も所詮は人の子です。戦う時には九字を切り、自分たちが安全であるように祈りました。忍者が色々な呪いを行ったり、信心深かったのは、それだけ命を賭けるような仕事が多かったからではないでしょうか。

役行者像（伊賀市音羽）

## ❺ 伊賀惣国一揆

土豪の館跡（伊賀市長田）

### 掟書が作られた理由

　戦国時代の伊賀は、北部に藤林長門守、南部に百地丹波守、中央部の予野には服部半蔵が砦を構えて、あたかも伊賀の三大上忍（特に忍びの上手な忍者）が役割をもつかのように布陣していたといわれます。ところが「勢州軍記」には、伊賀は66家の土豪（豪族）がひしめきあい、お互いに激しい所領争いを繰り広げていたとあります。

　しかし、伊賀を狙う外敵に対しては、臨戦態勢をとって侵略に備えなければなりません。伊賀国には守護がおかれていましたが、南北朝～室町時代中期の僧・満済の「満済准后日記」によれば、室町時代には既に名ばかりのものになっていました。戦国時代も、強大な大名の傘下に組み込まれることがなかった伊賀地域は、小規模な土豪たちの連合政権によって治安が保たれていました。これらを一つの掟で結びつけた組織が「伊賀惣国一揆」と考えられています。領域ごとに同族単位で生活圏をつくり、党を結成して、これを12人の評定衆が束ねました。評定衆が伊賀の重要な案件を決定し、決定事項は党ごとに回文をしたため、連判状や起請文によって忠節を誓わせることで、意思の徹底が行われました。このように、地侍たちが一国レベルで結束するための約束事をしたためたものが「伊賀惣国一揆掟書」です。

### 伊賀と甲賀の同盟

　「伊賀惣国一揆掟書」は、全11カ条からなる掟書です。この掟書は幸いにも甲賀の「山中文書」の中に紛れ込んでいました。織田信長という強大な勢力に対抗するために、隣国同士である伊賀と甲賀は緊急時には互いに助け合う関係でした。

　掟書の第一条には「他国より当国へ入り候においては、惣国一味同心に防がるべく候事」とあります。一国をあげて一味同心、つまり、心を同じくして戦うべきことが書かれているのです。

伊賀甲賀の境目　余野公園（伊賀市上柘植）

　また「甲賀よりの合力の儀、専一に候間、惣国出張して、伊賀・甲賀の境目にて、近日、野寄合あるべく候」ともあります。伊賀では甲賀と力を合わせることを第一に考え、伊賀・甲賀の南北の境界、現在の余野公園で野寄合を行い、作戦会議を開いていたと考えられます。

## 掟書の内容

　掟書には、敵の侵入があれば、里々の鐘を鳴らし、直ちに出陣することや、17才から50才までが戦闘に参加し、長期戦の場合は当番を交替して、大将を立てて戦闘に臨むべきことなど、臨戦態勢の手順が詳しく書かれています。また、侍につき従う者たちは、神前で起請文を取り交わし、服従することを誓わせることや、能力のある百姓は、侍身分に取り立てるなど、働き次第によっては、侍になれる登用制度も取り込まれていました。

　このように外敵の侵入に備えて結束した伊賀惣国一揆ですが、天正9年（1581）、天正伊賀の乱であっけなく壊滅してしまいます。「伊乱記」によると、伊賀は天下布武の野望を抱く織田信長に、怒涛のごとき勢いで予想を超える4万もの大軍に攻められます。迎撃体制をとる間もなく、惣国を指揮する命令機関も機能しなかったと考えられ、掟書はほとんど機能しませんでした。

「伊賀惣国一揆掟書」（神宮文庫蔵）
久保文武「図説 伊賀の歴史〈上巻〉」（郷土出版社、1992）

## 伊賀者の館跡

　小規模な土豪がひしめきあっていた伊賀で、彼らは武装するだけではなく、集落を砦のようにかためて自衛の防御施設をつくり、敵に備えました。

　現在、伊賀中世城館調査会の手によって、666箇所の城館跡が確認されています。しかし、古い文献からまだ判明していない城館は、200余城あるといわれます。城館の規模と形式については、「伊乱記」に、「家第を築き城郭に凝し塁を堅く塹を深くし」とあります。土豪はそれぞれの屋敷の周囲に土塁や堀をめぐらせていました。また、「三国地志」に、「其塁址を按ずるに皆方十一間、或いは一郭、或いは二郭」とあるように小規模な城館でした。一間は約1．8ｍなので、20ｍ四方になります。伊賀市川東にある、藤堂藩伊賀者の子孫、澤村氏館跡は、今なお四方土塁に囲まれ堀も残る、堂々たるお屋敷です。

澤村家（伊賀市川東）

## ❻ 天正伊賀の乱

**天正伊賀の乱へのひきがね**

　戦国時代、伊賀は織田信長、信雄による2度に及ぶ進撃で、壊滅的な打撃を受けることになります。この戦いを「天正伊賀の乱」と呼びます。

　天正4年（1576）、北畠具教を謀殺して伊勢国司となった信長の次男・信雄は、さらなる勢力拡大をはかって伊賀国への侵出の機会を狙っていました。

　元亀2年（1571）、信長の支援を受けて仁木義視（友梅）が伊賀守護となりますが、天正6年（1578）、伊賀惣国一揆衆の反抗によって追放されます。北畠氏と近く、信長との関係も悪化させたくない比奈知の下山甲斐守はこれに不満をもち、信雄に進言して伊賀統一を促します。

　そこで信雄は、伊賀攻略の手始めに滝川三郎兵衛勝雅に命じて丸山城を修城させましたが、伊賀の有力者・百田藤兵衛らが、丸山城対岸にある無量寿福寺を拠点に丸山城への奇襲攻撃を開始します。伊賀者に不意を突かれた織田家の家臣・滝川勝雅らは撤退を余儀なくされ、伊勢に敗走しました。

**第一次天正伊賀の乱**

　天正7年（1579）、織田信雄率いる約1万の軍勢は、三手に分かれて伊賀攻めを開始しました。伊賀の土豪の中には下山甲斐守のように織田勢に内通する者もおり、柘植三郎左衛門や日置大膳亮らは、伊賀の出自でありながら、織田勢として伊賀攻めの先頭に立ちました。

　しかし、ゲリラ戦を得意とする伊賀者はこれを撃退。織田勢を敗走させます。信雄の重臣・柘植三郎左衛門は鬼瘤峠の戦いで伊賀者に討たれ命を落とします。この敗戦で信長から叱責された信雄は謹慎を命じられ、再起をかけて2年後、徹底的に伊賀攻略戦を開始します。

織田信長座像（複製）
（名古屋市博物館蔵　原資料：総見院寺）

丸山城跡（伊賀市 枅川）

天正伊賀乱碑
（雨乞山　伊賀市下友田）

## 第二次天正伊賀の乱

　天正9年（1581）、織田信長は、自らの出馬を決意し、約4万の大軍で伊賀を取り囲むように攻め入ります。怒涛のごとき勢いで、伊賀全土を焼き払い、大人や子供を問わず徹底した殺戮戦を繰り返し、次々と城を落としていきます。

柏原城跡碑（名張市赤目）

　比自山観音寺城の戦いでは、福喜多将監や百田藤兵衛らが果敢に戦いますが、筒井順慶・蒲生氏郷軍との攻防戦の末に落城します。伊賀南部の柏原城で、滝野十郎吉政ら1600人が最後まで抵抗しましたが、籠城戦の末、能狂言師・大蔵五郎次郎の仲介で和議が成立し降伏しました。

## 第三次天正伊賀の乱

　天正10年（1582）6月2日に起きた本能寺の変で、伊賀に駐屯していた織田勢が一斉に伊勢松ヶ島に引き上げました。これにともない伊賀では空き城をめぐって信長への報復戦として一揆が多発しました。評定衆の1人、森田浄雲が一之宮城にて織田軍と戦って戦死したと、「勢州軍記」には書かれています。この戦いを第三次天正伊賀の乱と呼びます。天正12年（1584）、小牧・長久手の戦いが始まり、その後、豊臣秀吉と家康・信雄

森田浄雲家甲冑（伊賀上野城蔵）

連合軍は和睦が成立し、秀吉の武将・筒井順慶が伊賀を治めることになります。

　伊賀は長年にわたり、東大寺との抗争を続けるなど屈服することはありませんでした。しかし、天正伊賀の乱で伊賀は信長に敗れ、これまで続いた支配者が存在しない体制に終止符が打たれました。

## 伊賀者の戦術

　天正伊賀の乱での伊賀者の戦いぶりは、ゲリラ戦術という悪党以来の伝統的なもので、山間部の地形を熟知した戦術でした。ゲリラ戦術とは、少数の兵力で敵に大きな打撃を与えるというもので、奇襲・待ち伏せ（伏兵による不意討ち）・後方破壊・攪乱などの攻撃法をいいます。

　参考になるのは、軍記物語「太平記」に見る赤坂城籠城戦での楠木正成の戦いぶりです。敵を引きつけてから挟み撃ちにする作戦で、攻撃と退却を繰り返して、敵を翻弄させ殲滅するのが伊賀者の常套手段でした。

楠木正成像
（皇居外苑　東京都千代田区）

## ❼ 神君伊賀越え

本能寺（京都市中京区）

**家康決死の逃避行**

　天正10年（1582）6月2日未明、京の本能寺に宿泊していた織田信長を家臣の明智光秀が襲撃した、本能寺の変が起こります。この時、徳川家康は同盟者信長の誘いにより、わずか30数名の家臣を従えて安土で接待を受けた後で、大坂の堺にいました。

　家康に異変を知らせたのは、京の商人・茶屋四郎次郎、または伊賀者の服部平太夫だといわれています。家康一行は本国三河に向けての逃避行をします。これが「東照神君（家康）の御生涯御艱難の第一」といわれた「神君伊賀・甲賀越え」です。堺を出発した一行は、四條畷、尊延寺、そして木津川を渡り、山城国宇治田原（京都府）の山口城で宿泊します。木津川では、家康と離れて行動していた、武田家の武将だった穴山梅雪が家康と間違えられ、落武者狩りの土民に襲われて命を落としています。

梅雪墓（京都府京田辺市）

木津川（京田辺市草内）

　2日目は近江国甲賀郡信楽（滋賀県）の甲賀者の多羅尾氏の庇護を受け、小川城で宿泊することになります。1日目に比べると、移動距離がずいぶん短いですが、伊賀越え決行のための作戦会議が必要でした。伊賀には、信長の同盟者だった家康に恨みを持つ伊賀者も多くいたからです。御斎峠は囮が通ったと考えられ、実際には桜峠を通った説が有力です。この時、伊賀者200人と甲賀者100人が、家康を護衛しました。伊賀者にとって本意ではなかったと考えられますが、生き残るため、家康に雇ってもらいたいがために、半蔵に従ったのでしょう。鹿伏兎峠を経て伊勢国白子へ脱出。そこから船に乗り、ようやく三河国岡崎城（愛知県）にたどり着くことができたのです。

山口城址
（京都府宇治田原町）

小川城跡の説明板（甲賀市信楽町）

御斎峠（伊賀市西山）

家康が休息したと伝わる徳永寺
（伊賀市柘植町）

鹿伏兎峠
（伊賀市柘植町）

白子（三重県鈴鹿市）

岡崎城（愛知県岡崎市）

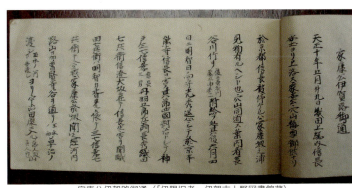
家康公伊賀路御通（「伊陽旧考」伊賀市上野図書館蔵）

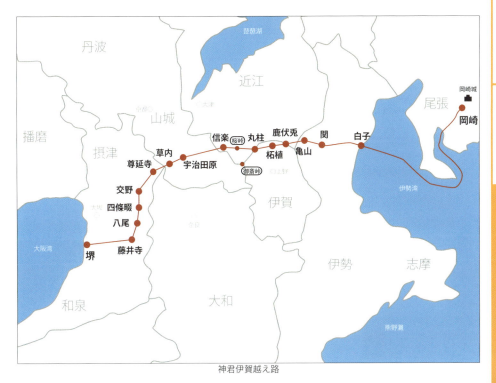
神君伊賀越え路

## ❽ 関ヶ原の戦い前後

**本能寺の変後の忍者**

　神君伊賀越えの功績で、200名の伊賀者は服部半蔵を組頭に、徳川家康に仕えます。やがて家康が幕府を開くと、その子孫たちは江戸城の警備にあたる「伊賀百人組」として組織されました。一方、甲賀者はどうだったのでしょうか。

　信長亡き後、天下統一を目指していた秀吉は和歌山に進軍していました。天正13年（1585）、甲賀者は豊臣秀吉に招集され、諸大名と共に、反秀吉勢力が籠もった太田城を水攻めするための堤防作りを担当させられます。ところが堤防は決壊してしまいます。甲賀は責任を負って所領を没収され、秀吉の家臣・中村一氏が水口岡山城を築いて甲賀者を監視するための要としました。「甲賀古士旧記」によると、この時、家康は甲賀者に救援米を送っています。また、慶長2年（1597）、家康は甲賀者・高嶺新右衛門ら10人に扶持を与えて雇います。

　それでも甲賀者は屈せず、姓を変えるなどして多くが在地に勢力を維持します。そして、関ヶ原の戦いの前哨戦となる伏見城籠城戦で挽回します。しかし、それは甲賀者が徳川方と豊臣方に分かれて戦うことを意味していました。時として、親子、兄弟ですら、敵味方に分かれて戦うのは戦国時代の常でした。

現在の伏見城（京都市伏見区）

甲賀武士墓
（慈眼寺　甲賀市甲南町）

**伏見城籠城戦**

　秀吉の死後、家康は関ヶ原の戦いで豊臣軍と天下を争うことになります。その前哨戦が「伏見城籠城戦」です。

　慶長5年（1600）5月、家康は会津の上杉景勝討伐を開始します。家康は畿内の守りとして鳥居元忠を伏見城に残し、死守してくれるよう頼みます。この時、山岡

道阿弥（景友）は、忠義を尽くす時だと甲賀者100名余りを、自分の弟景光と共に伏見城に入れ、自らは上杉征伐軍に加わりました。

やがて、籠城戦がはじまります。豊臣側の石田三成軍は圧倒的に数が多かったのですが、伏見城の守りの固さに手を焼きます。近江水口城主・長束正家は部下に命じ、「伏見城内で火を放ち大坂方・石田軍を引き入れたら、秀頼公から莫大な恩賞が出る。もし同意しない時には、甲賀に残した妻子と一族をことごとく磔にする」という内容の矢文を放ち、城内の甲賀者の裏切をそそのかします。やがて伏見城内で火の手が上がり、伏見城は一夜で落城しました。この時、徳川側として戦った高嶺新右衛門を筆頭とする70人余りの甲賀者が、山岡景光と共に城を枕に戦死したといいます。生き残った甲賀者10人には、家康からそれぞれ知行200石が与えられます。これらの禄高が後の甲賀百人組の礎となりました。裏切った甲賀者18名は捕えられ、関ヶ原の戦い後、京の粟田口で磔にされました。

**甲賀百人組の誕生**

関ヶ原の戦いでは伊勢長島城を守ることになった山岡景友は、「一死をもって恩に報いるべき」として家康に忠誠を尽くしました。慶長5年（1600）、江戸幕府は山岡景友を筆頭に、伏見城籠城戦の戦死者の子孫や遺族に知行を与え、江戸城大手門の警護を勤めさせます。これが「甲賀百人組」のはじまりです。

甲賀稲荷神社（東京都渋谷区千駄ヶ谷）

景友は、本能寺の変で瀬田唐橋を焼いて、明智光秀の進軍を阻止した信長の家臣・山岡景隆の弟で、甲賀者の名門・伴氏の一門衆でした。関ヶ原の戦いの後、景友には近江9千石が与えられ、うち4千石が甲賀者の取り分となります。

甲賀百人組は、平時は江戸城の大手三門の警護のため、百人番所に交替で詰めており、いざ戦争ともなれば、鉄砲隊として出陣することになっていました。江戸では、伊賀組が青山百人町（現在の表参道駅周辺）に対して、甲賀組は青山甲賀町の一帯に屋敷がありました。

しかし、幕末には、甲賀武士の宮嶋兄弟や大原数馬らが甲賀勤皇隊を結成して、江戸幕府に一転して叛旗をひるがえしました。不幸にも、江戸幕府を滅ぼした戊辰戦争が甲賀者の最後の戦いとなってしまいました。

## コラム② 甲賀流忍術屋敷

甲賀流忍術屋敷（甲賀市甲南町）

　甲賀流忍術屋敷は、甲賀市甲南町竜法師にあります。甲賀五十三家の筆頭格「望月出雲守」の住居で、元禄時代の建物です。忍者自身の住居として日本で唯一の建物といえます。昭和30年代までは製薬会社の工場でしたが、調査により忍術屋敷であることがわかりました。望月氏は代々"望月本実"を名乗り、忍術屋敷ができる以前の三代目望月本実が「萬金丹」「人参活血勢竜湯」を作っていた薬屋でもあり、甲賀売薬の起源ともいえます。

　甲賀者を有名にした鈎の陣では、望月氏も大活躍しました。望月氏は信州の出ですが、平将門を討伐した功績で甲賀の地16ケ村を拝領し住みついたといわれます。望月氏の祖は「甲賀三郎」と伝わり、伊賀市の敢国神社にまつられています。

　忍術屋敷は、外見は平屋建の一般の住宅のようですが、内部は3階に分かれ、外敵に備えた数々の工夫がされています。「どんでん返し」「落とし穴」「抜け道」「隠し部屋」や、部外者は絶対に開けられない土蔵もあります。

　忍術屋敷と呼ばれるものは、他にも甲南町磯尾の小山家、甲賀の里忍術村には、甲南町柑子から移築された建物もあります。明治から昭和にかけて杣川流域の入り組んだ地形を利用し、陸軍の大演習が行われた際、乃木希典、児玉源太郎などの各大将が個々の総本部を置いて指揮を執っていたといいます。忍者の活躍の舞台としてのみならず、近代戦争の舞台としても大いに活用された屋敷なのです。

甲賀流忍術屋敷　内部

---

甲賀流忍術屋敷
　　所在地　〒520-3311　甲賀市甲南町竜法師2331
　　入場料　大人（中学生以上）¥650　小人（3歳以上）¥450
　　休館日　毎週水曜日及び第4木曜日　年末年始　冬期
　　電　話　0748-86-2179　駐車場完備　無料

## ❾ 江戸時代

### 泰平の世の忍者

伊賀上野城（伊賀市上野丸ノ内）

　徳川家康は関ヶ原の戦いで勝利を収め、慶長8年（1603）、江戸幕府を開きます。しかし、豊臣家は再興を図ります。家康にとり、目の上のたんこぶである豊臣家を滅亡させて初めて天下統一といえました。慶長19年（1614）、大坂の陣が始まります。この戦に参加していた伊賀者の名前が、藤堂藩について書かれた「高山公実録」にあります。
　元和元年（1615）、ついに豊臣家が滅亡し、泰平の時代になります。これを「元和偃武」といいます。偃武とは武器を伏せて用いないことです。これ以降、忍者の性格が変わっていきます。それまでの忍者は、どちらかといえば、傭兵的性格を持っていましたが、以降は大規模な戦乱は起こらなかったので、探索や護衛が専門となっていきます。よく、忍者は戦国時代だけのもので、泰平の世にはいなかったといわれますが、江戸時代の間も全国で活躍していました。

### 藤堂藩の忍者

　藤堂高虎が慶長13年（1608）、伊予国（愛媛県）今治から伊賀国および伊勢国安濃・一志両郡などに22万石余りで入封しました。本城に津城、有事の際に伊賀上野城を当て、それぞれ城下町を建設し、後に32万石になります。有事とは戦争や事変など、非常事態が起こることです。高虎は伊賀者を管理し、他国に出稼ぎに行かないように名簿を作らせます。そして、伊賀に屋敷と土地がありながら、他国に出稼ぎに行っている伊賀者については、戻らなければ屋敷と土地を取り上げ、妻子を追放するとの御触書を出します。戻ってきた伊賀者もいましたが、そのまま他国に移った伊賀者もいました。一方、懐柔策として、各地のリーダー格の忍者を伊賀者として、藤堂藩下に雇います。下級武士の身分ではありましたが、それでも彼らにとってお城勤めは名誉なことであったと考えられます。

「藤堂藩分限帳」（藤堂高次の時代）「伊賀者」の名簿

## 全国に散った忍者

　江戸時代初期、全国の大名は、忍者を配下におくことを自慢としていました。それほど、伊賀者、甲賀者はもてはやされていたのです。事実、伊賀者は岡山藩、鳥取藩、姫路藩、彦根藩などに、甲賀者は尾張藩、岸和田藩などで雇われていました。

「鳥取藩御支配帳」（鳥取県立博物館所蔵）
「十八　夜盗衆」とある

　しかしながら、泰平の世の中になると、忍者の主な仕事は見張りとしての夜勤、参勤交代の護衛、一揆の探索などになります。それでも、江戸時代初期はまだ政情が不安定だったこともあり、寛永14年（1637）の島原の乱や、慶安4年（1651）の慶安の変（由井正雪の乱）などに幕府方として参加していました。

　伊賀においては寛永11年（1634）に、鍵屋の辻の決闘という、荒木又右衛門が仇討ちをする事件がありました。その際、藤堂藩の伊賀者は監視などの仕事をしています。そして、仇討ちを終えた又右衛門を引き取りに来た鳥取藩のメンバーの中にも伊賀者の名がありました。彼らは鳥取藩配下の夜盗衆と呼ばれる伊賀者でした。このように17世紀の中頃までは、忍者はよく活用されていたのです。

## 島原の乱

　江戸幕府3代将軍・徳川家光の時代、寛永14年（1637）、天草四郎時貞率いる4万人の農民が、過酷な年貢負担に反対して一揆を起こしました。反乱を抑えるため、幕府は板倉重昌を派遣しましたが、敗走させられてしまいます。事態を重く見た幕府は、老中・松平信綱を総大将として援軍に向かわせます。東海道を進み水口宿で宿泊

天草四郎時貞銅像（熊本県上天草市）

する軍勢の前に、甲賀者100人が従軍を願い出ます。結局10人の従軍が認められます。信綱の側衆・中根正盛の配下に甲賀者・望月與右衛門らが組み込まれ、一揆軍の動きを調べる任務が命じられました。甲賀者10名は原城内に潜入して兵糧13俵を盗み取りますが、落穴にはまって重傷をおいます。彼らが使った潜入術は、昼間は死体に紛れて身をひそめる「変装術」で、敵が寝入った隙に任務を遂行する作戦でした。

　各地の方言が強く残っていたこの時代、甲賀者は敵の会話を傍受しても方言がわからず、忍者としての腕が鈍っていたともいわれますが、果たしてそうだったでしょうか。なぜなら、甲賀者が探りあてた兵糧が底をついているという報告で、松平信綱は

兵糧攻めに作戦を切り替え、犠牲者を抑えることができたのです。この時の甲賀者は、山岡景友の率いる甲賀百人組に属さない、甲賀在住の忍者たちでした。

## 甲賀忍者の訴状

寛政元年（1789）、江戸幕府に「萬川集海」を、甲賀古士惣代が寺社奉行・松平輝和を通して献上しています。惣代は、大原数馬、上野八左衛門、隠岐守一郎の3名でした。この「萬川集海」は高級和紙に楷書体で書かれたもので、現在、東京都にある国立公文書館内閣文庫に所蔵されています。

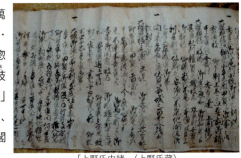

「上野氏由緒」（上野氏蔵）

大原家に伝わる「萬川集海」の写本は、序文（まえがき）に「甲賀郡隠士藤林保義序」と書かれています。ちなみに、伊賀に残されている「萬川集海」には、「伊賀」とはありません。藤林家は伊賀の東湯舟の出自ですが、「甲賀郡隠士」と書いたのは、甲賀古士を宣伝するためだったのでしょう。「上野氏由緒」によれば、甲賀者の幕府への仕官の願いは却下されましたが、忍術書を長年大切に所持していたことなどが評価され、忍術を絶やさないようにと、惣代3人は銀5枚ずつ、忍術を心掛けていた8人は銀2枚ずつ、他の8人は銀1枚、合計39枚を拝領する成功でした。

## 江戸時代末期の忍者

江戸幕府配下の伊賀者は、大奥の護衛などをしていました。もはや、忍者たちの傭兵的性格は完全に消え、忍者とはいえなくなっていました。

嘉永6年（1853）、大事件が起こりました。アメリカから黒船4隻が浦賀（神奈川県）に来航して、日本に開国を要求してきたのです。いわゆる、ペリー来航です。

驚いた時の老中・阿部正弘は、参勤交代で江戸に来ていた藤堂藩の伊賀者に探索を命じます。翌年に再び来航した時、澤村甚三郎保祐は黒船で行われた歓迎会に参加して探索し、そのことを老中に報告します。澤村家には今もなお、オランダ語の手紙や携帯用の狼煙筒、水中松明などの忍器が残っています。甚三郎保祐の活躍が記録に残る最後のもので、明治維新で忍者も歴史から消えていったのです。

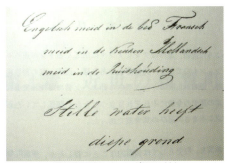

澤村家に残るオランダ語の手紙

# ❿ 忍者の歴史年表

| | 年号 | 忍者史関係事項 |
|---|---|---|
| 奈良時代 | 文武4年 （700） | 修験の開祖と伝わる役小角が捕らえられる（「続日本紀」） |
| 平安時代 | 延長5年 （927） | 「延喜式」が編纂され、生薬一覧の項に近江は73種で全国第1位 |
| 平安時代 | 天喜2年 （1054） | 黒田の荘民と国司の争い |
| 平安時代 | 元暦1年 （1184） | 伊賀平氏が蜂起、甲賀郡油日川を挟んで合戦 |
| 平安時代 | 建久5年 （1194） | 山中氏が鈴鹿山盗賊追補使に任命される（「山中文書」） |
| 南北朝〜鎌倉時代 | 建武1年 （1334） | 楠木正成、部下に48人の伊賀者を召し抱える |
| 南北朝〜鎌倉時代 | 建武3年・延元1年 （1336） | この頃、服部持法、大悪党になり勢力をふるう |
| 南北朝〜鎌倉時代 | 建武4年・延元2年 （1337） | 伊賀国守護・仁木義覚も服部持法とともに東大寺領を侵略 |
| 室町時代 | 応仁1年 （1467） | 応仁の乱　忍者がこの頃に発生する（「武家名目抄」） |
| 室町時代 | 長享1年 （1487） | 鈎の陣、足利義尚の陣に甲賀者が夜襲、伊賀者も参加 |
| 室町時代 | 永禄3年 （1560） | この頃、伊賀惣国一揆が成立 |
| 室町時代 | 永禄4年 （1561） | 六角義賢（承禎）、百々氏の佐和山を伊賀者・甲賀者を使い攻撃 |
| 室町時代 | 永禄11年 （1568） | 織田信長の近江侵攻、六角義賢、義治父子、甲賀・伊賀に逃亡 |
| 安土桃山時代（戦国時代） | 永禄12年 （1569） | 足利義昭を奉じて織田信長が上洛〈この頃、甲賀郡中惣が成立〉 |
| 安土桃山時代（戦国時代） | 元亀1年 （1570） | 野洲河原の戦　六角義賢が伊賀者・甲賀者を結集し信長勢と決戦 |
| 安土桃山時代（戦国時代） | 元亀3年 （1572） | 三方ヶ原の戦　合戦後、服部半蔵正成は伊賀者150人を預けられる（「寛政家譜」） |
| 安土桃山時代（戦国時代） | 天正2年 （1574） | 六角氏滅亡、甲賀武士団は信長支配下におかれる |
| 安土桃山時代（戦国時代） | 天正7年 （1579） | 第一次天正伊賀の乱 |
| 安土桃山時代（戦国時代） | 天正9年 （1581） | 第二次天正伊賀の乱 |
| 安土桃山時代（戦国時代） | 天正10年 （1582） | 本能寺の変　徳川家康伊賀越えに伊賀者・甲賀者従軍　第三次天正伊賀の乱 |
| 安土桃山時代（戦国時代） | 天正13年 （1585） | 太田城水攻めの堤防決壊により甲賀が改易処分 |
| 安土桃山時代（戦国時代） | 天正14年 （1586） | 甲賀郡中惣が油日神社に永代供養として百石寄進 |
| 安土桃山時代（戦国時代） | 慶長1年 （1596） | 服部半蔵正成没（55才） |
| 安土桃山時代（戦国時代） | 慶長5年 （1600） | 伏見城籠城戦　関ヶ原の戦い　甲賀百人組の成立 |
| 江戸時代 | 慶長9年 （1614） | 大坂冬の陣　伊賀者・甲賀者が参戦 |
| 江戸時代 | 慶長10年 （1615） | 大坂夏の陣　伊賀者が活躍し、藤堂藩に取り立てられる |
| 江戸時代 | 寛永13年 （1636） | 藤堂藩に伊賀者20名藩士として取り立てられる（「伊賀付差し出帳」） |
| 江戸時代 | 寛永14年 （1637） | 島原の乱　甲賀者10名が従軍 |
| 江戸時代 | 延宝4年 （1676） | 藤林保武、「萬川集海」を編纂 |
| 江戸時代 | 延宝7年 （1679） | 菊岡如元、「伊乱記」を編纂 |
| 江戸時代 | 享保1年 （1716） | 江戸幕府8代将軍・徳川吉宗が、将軍直属の諜報機関、御庭番を創設 |
| 江戸時代 | 寛政1年 （1789） | 大原数馬ら幕府に嘆願書を提出、「萬川集海」を献上 |
| 江戸時代 | 寛政8年 （1796） | 伊勢農民一揆に、藤堂藩伊賀者10名が探索 |
| 江戸時代 | 寛政12年 （1800） | この頃、「忍術応義伝」が編纂 |
| 江戸時代 | 嘉永6年 （1853） | ペリー来航、翌年藤堂藩伊賀者・澤村甚三郎保祐が黒船探索 |
| 江戸時代 | 慶応4年 （1868） | 甲賀勤皇隊を結成し戊辰戦争に出陣 |

## コラム③ 松尾芭蕉忍者説

### 芭蕉は伊賀生まれ

　松尾芭蕉が伊賀で生まれたことは、意外に知られていません。芭蕉は伊賀国北東部の柘植で生まれたといわれ、江戸時代前期に蕉風俳諧を確立した俳人です。侍大将・藤堂良精の子、良忠に仕え、俳諧を志し北村季吟にも師事しました。「不易流行」を説き、「奥の細道」など、多くの名句や紀行文を残しました。この芭蕉が忍者だったのではないかという説があります。なぜ「芭蕉忍者説」は生まれたのでしょうか。

松尾芭蕉の人形
（柘植歴史民俗資料館　伊賀市柘植）

### 芭蕉の父親

　芭蕉の父親は忍者と関係が深い無足人という、苗字帯刀を許される準士分の上層農民でした。父、与左衛門は柘植生まれです。柘植は戦国時代、「下柘植の木猿、小猿」（「萬川集海」）という忍術名人がいた地でもありました。また、藤堂藩に仕える松尾姓の伊賀者もいました。松尾氏は柘植を治めていた福地氏の身内になります。福地氏の福地城は、戦国時代の伊賀有数の大きな城の一つでした。

福地城（伊賀市柘植）

### 芭蕉の母親

　芭蕉の母親は百地氏の娘です。百地氏は伊賀の三大上忍の一人として有名です。近年発見された「百地氏系図」に「芭蕉」の名があります。しかも、「藤堂新七郎（良精）に仕える」と小さく書かれています。芭蕉ほど有名な人物なら、もう少し強調しても良いと思います。だからこそこの系図は信憑性があるのでしょう。

　しかし、両親の出自だけで、芭蕉が忍者だと結論づけることはできないでしょう。一般には、「奥の細道」で毎日フルマラソンの距離に相当する42km以上の距離を歩けたのは、鍛えられた忍者だから可能だったからとか、旅費は幕府の隠密だったから捻出できていたのではないかというのが、芭蕉忍者説の根拠です。これらの真偽はさておき、芭蕉が伊賀で生まれた、世界に誇れる偉大な俳人であることは紛れもない事実です。

百地氏系図
（辻きみ氏所有）

# 3 忍術と忍具

## ❶ 忍術とは

**忍術のイメージ**

　忍者の特徴といえば、なんといっても「忍術」が使えることです。秘伝の巻物をくわえて智拳印を結べば、ドロンと煙を出して瞬く間に闇へと消えうせる。そんな忍者のイメージは江戸時代の小説「児雷也豪傑譚」などに始まると考えられます。こうした摩訶不思議に思える術も、実際は人の心理や錯覚を利用した巧妙なトリックによって生み出されたものでした。忍者は人の感情を操り、自在に他を動かす術に長けていたといわれています。忍術はどのようにして編み出されてきたのでしょうか。

三代目歌川豊国画「児雷也」
（東京都立中央図書館特別文庫室蔵）

**生き延びるための術**

　悪党の時代、忍者の戦い方は主にゲリラ戦術で、相手の不意をついた奇襲攻撃でした。普段から身体能力や精神力や忍耐力を鍛えることで、忍びの技を鍛えていました。
　江戸時代に編纂された「武家名目抄」には、伊賀・甲賀には地侍が多く、応仁の乱以降、よからぬ戦術が生まれたとあります。戦国大名の傭兵的な存在になった忍者たちは、危険を犯してまでも敵陣に乗り込み、情報を得て生きて帰ることが使命でした。そのために、さまざまな術を考え出し、生き延びるための術を磨いていたのです。

**「萬川集海」が伝える忍術**

　「萬川集海」には、伊賀を忍びの本拠地とした上で、伊賀・甲賀には49の流派があったと書かれています。この四十九流の始祖とされるのが、楯岡道順です。
　忍術は、他国や他人の屋敷に忍び込む術、人から情報を引き出す術、敵に不意打ちを食らわせたり、逃走したりと、諜報活動やゲリラ戦などに必要不可欠な術を備えています。その基本は、変装術・侵入術・歩術・走術・隠形術・盗聴術・見敵術・飛術・伝達術・遁走術・分身術・幻術・占術のほか、開器（戸を開くための道具）・登器・火器・水器を使いこなすための開術・登術・火術・水術がありました。中でも火術は237種もの術が書かれており、忍者が得意としたものだったことがわかります。

30

藤堂藩伊賀者の澤村甚三郎保祐の子孫の家には、今も狼煙筒や水中松明が伝わり、火術を扱っていたことがわかります。伊賀者東組五人衆をつくって組織的に活動し、火薬は特別な配合で調合され、家伝の調合法と火薬保存法があったといわれています。伊賀者は火を巧みに操るハイテク忍者集団だったのです。

忍器十六種（澤村氏蔵）

## 忍者を支えた秘術

　こうした忍術のベースになるのは孫子兵法や義経兵法、楠木兵法などの兵法書やさまざまな武術で、これに修験道、密教、陰陽道、道教など、当時の最先端の知識を駆使して編み出されたものと考えられています。忍術とは、武術や兵法、心理的技術などの最先端の軍事力を結集させた総合兵法といえるのです。

　また、忍者のルーツは修験道や陰陽道にあるともされており、神仏などの宗教の力をかりて、新たな秘術を開発していきました。修験道の開祖・役小角が得意とした孔雀明王呪もまた、災難を取り除き、命をのばし、悪を打ち払う効果があったといいます。忍者は、臨機応変に自分の信じる守護神を味方に取り込み、神仏にすがることで、自分の力を強めました。忍者の秘術「摩利支天隠形の術」「飯綱の術」「九字護身法」を見てみましょう。

## 摩利支天隠形の術

　「萬川集海」には、姿を消すことのできる「隠形の術」が書かれています。正しくは「摩利支天隠形の術」というもので、「オン・アニチ・マリシエイソワカ」と印を結んで唱えると姿を消すことができるという秘術です。ただし、この術にはトリックがありました。

　摩利支天は、陽炎を神格化したものです。太陽を背に阿修羅と戦ったという伝説から、太陽を背にすることで、相手はまぶしくて見えなくなる、という錯覚を利用した術なのです。忍者が用いる術は、現代科学で説明できるもので、摩訶不思議な術ではないのです。

「萬川集海」（藤一水蔵）

### 飯綱の術

　飯綱の術とは、忍術というより呪術の一種といっていいでしょう。信州・飯綱山の神から感得したダキニ天の妖術です。夫婦2頭の鹿の皮と亀の甲羅を用いて、飯綱権現の前に供え、神仏の加護を求めると、たちまちのうちに忍術を授かり、空を飛ぶことができるといいます。

　この術は、甲賀の「大原家文書」の「甲陽軍鑑的流（こうようぐんかんてきりゅう）」の中に出てくる術です。飯綱の術は、一般には、霊的な狐などの小動物を駆使する術です。この書には、飯綱の術を使った忍者の護符（守り札）の作り方が書いてあり、この護符を肌身離さず持てば忍術を体得し、自らの命も守ってくれるとあります。

摩利支天像（某氏蔵）

### 九字護身法

　晋の葛洪（かつこう）が著した「抱朴子（ほうぼくし）」（4世紀ごろ）内篇巻17「登渉（とうちょく）篇」には、山に入る時に唱えるべき「六甲神呪」に「臨兵闘者皆陳列在前行（りんびょうとうしゃかいじんれつざいぜんぎょう）」とあります。古代中国の道教で用いられる呪文です。「臨兵闘者皆陳烈在前」の九字を唱えながら刀印を結んで九字を切り、仏法の印を結んで、わが身に結界をはったのです。結界をはることで、邪気を退散させ、調伏する力を持つと考えられました。これが密教や修験道、陰陽道に取り入れられ、邪気を退散させ、煩悩を打ちくだく魔除けの法とされました。この修法が忍術にも取り入れられ、災難から身を守る呪法と考えられました。

　実際には、護身法によって身を守ることはできませんが、重要な任務を行う前に、精神集中や自己暗示をかけていたのでしょう。

「九字護身法」（国立国会図書館蔵）

# コラム④ 妖者(ばけもの)の術を使った楯岡道順(たておかのどうじゅん)

## 変装名人・楯岡道順

　紀州藩軍学者の名取三十郎正武によって書かれた「正忍記」には、忍者の変装術「七方出(しちほうで)」について書かれています。忍術の集大成といわれる「萬川集海」にも、別の変装術が書かれています。「四方髪(よもがみ)」と、楯岡道順が得意とした「妖者(ばけもの)の術」です。この妖者の術は、恐ろしいほど見事に変装して城内に潜り込む術であったために「ばけもの」と呼ばれたのでしょう。

　永禄4年（1561）、六角義賢(よしかた)が裏切り者の佐和山城主・百々隠岐守(どどおきのかみ)の攻略を開始した時のことです。道順は決して敵兵に警戒されないように、乞食などの下賤な者に扮した変装術で白昼堂々と忍び込み、あらかじめ用意した百々家の家紋入りの提灯をぶら下げて、敵兵を安心させたかと思うと、城内のあちらこちらに火をかけました。火の手があがるのを合図に、義賢の軍勢は一気に城内になだれ込んで、百々隠岐守は自刃して果てました。

　百地分家であった百地織之助が校訂を加えた「校正 伊乱記」には、道順は潜入術に長けた忍者として登場しています。難攻不落の城も、道順の手に入れば、簡単に落ちてしまうといわれたほどでした。

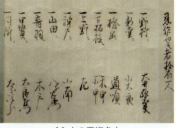
11人の忍術名人
「萬川集海」（くすり学習館　甲賀市甲賀町）

楯岡道順の古里（伊賀市楯岡）

陰陽師・宮杉一族の墓碑
（平泉寺　伊賀市西湯舟）

## 道順が頼りにした陰陽師(おんみょうじ)・宮杉

　「萬川集海」は11人の忍術名人をあげていますが、楯岡道順はその筆頭格で、伊賀忍術四十九流の始祖とされる人物です。その道順が戦勝を願い、吉凶を占わせた人物に、伊賀の陰陽師・宮杉がいました。宮杉は道順の戦勝の門出を祝って歌を贈っています。「沢山に　百々となる雷(いかづち)も　いがさき入れば落ちにける哉」（「いがさき」は道順の名字でした）。歌の中には見えざる霊力が秘められており、陰陽師・宮杉は言葉に宿る魔力を見事にあやつって、戦を勝利に導いたのです。

　戦国時代の陰陽師は、戦を有利な方向にあやつる技を知っていたため、軍師や参謀の役目も果たしていたといいます。

## ❷ 忍術書

**忍術書とは**

　忍術伝書は、忍者の歴史にとどまらず、忍器や製薬、占いや呪術までさまざまな忍術が著されています。忍術伝書は極秘とされ、たとえ自分の子どもであっても見せなかったとされます。

　江戸時代中頃になると、決して他人に見せないという誓約書を添えて、他家の忍者が写すこともありました。今でも忍者の子孫の家には、忍術伝書が残され、未だ発見されていない伝書も多いといわれています。

**「萬川集海」**　忍者のバイブル

　「萬川集海」は「萬（全ての）川が一つの海に集まる」ことから、伊賀・甲賀の忍術の全てを書いたという意味を持ちます。延宝4年（1676）、藤林保武が編纂しました。全22巻、正心、将知、陽忍、陰忍、天時、忍器の六篇で構成され、忍術書の中では最も完成されているもので、忍者のバイブルといえるでしょう。例えば、仲間の忍者同士でしか使えない、暗号的なものなどが書かれています。「言葉通ずる貝の約の事」では、よく使う文字を別の文字に置き替えて使われています。暗号になっている「忍びいろは」は、まさに忍者文字です。

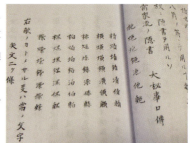

「萬川集海」の「忍びいろは」
（上：藤一水蔵　下：国立公文書館蔵）

**「正忍記」**　軍術の研究家がまとめる

　延宝9年（1681）、紀州藩の軍学者・名取三十郎正武によって著されました。軍学の流派の一つ楠木流から派生した新楠流の内の忍術の項をまとめた本といわれます。忍びの実戦的な技術や忍装束、呪術についても書かれています。

　享保元年（1716）、紀州の徳川吉宗が江戸幕府8代将軍となります。その時、将軍である自分の目、耳となる「御庭番」という役職を設けます。彼らは、「正忍記」で忍術を学んだ忍びだったといえるでしょう。

「正忍記」（中島篤巳氏蔵）

## 「忍秘伝」　岡山藩伊賀者が著す

　永禄3年（1560）、伊賀者の頭領だった服部半蔵正成が書いたものといわれてましたが、岡山藩に仕えていた伊賀者が元禄13年（1700）頃に著したものだということが、最近の研究でわかりました。忍者の歴史から忍器や薬についても書かれています。

　以上の、存在を特に知られている「萬川集海」、「正忍記」、「忍秘伝」の3書は、「三大忍術伝書」と呼ばれています。

「忍秘伝」（中島篤巳氏蔵）

## 「忍術応義伝」　甲賀を代表する忍術書

　寛政12年（1800）頃に著された、甲賀を代表する忍術書です。主に頓宮家伝と望月家伝の2種があります。頓宮家、望月家は甲賀五十三家に名前を連ねる甲賀武士です。「忍術応義伝」や「伊賀問答忍術賀士誠」などには、聖徳太子が大伴細人という者を志能便として使ったという話が書かれています。

「忍術応義伝」（藤一水蔵）

## 「用間加条伝目口義」

　元文2年（1737）、尾張藩の軍学者・近松彦之進茂矩によって著されました。尾張藩の雇っていた伊賀・甲賀忍者にインタビューをして、彼らの伝える忍術を書いたものです。同じ忍術でも伊賀と甲賀では伝え方が異なったり、門下生のレベルに応じて伝える内容も変えていたりと、当時どのように忍術を伝えていたのかがわかる面白い史料です。

　その他にも、現在、伊賀流忍者博物館にあるさまざまな忍術書が、三重大学人文学部の調査で解読されつつあります。

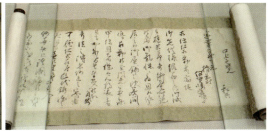

「物見秘伝」などの忍術書（伊賀流忍者博物館蔵）

## ❸ 陽忍と陰忍

**忍術の隠と陽**

　忍術の世界には「陽忍」と「陰忍」という言葉があります。「萬川集海」巻八に解説されています。「陽忍」とは謀計の智慮をもって姿を現しながら敵中へ入り込むことです。「陰忍」とは術を使って自らの姿を隠して忍び込むことです。「萬川集海」には、陽忍と陰忍に分けて、さまざまな忍術が書かれています。

「萬川集海」（和田氏蔵）

**陽忍**　姿を現しながら敵中へ入り込む

　時と場所にふさわしい姿に変装し、髪の剃り方もその地方の人と同じようにします。例えば、僧侶、山伏などに変装し、必要があれば女装もしました。大道芸師に変装するなら猿を使った曲芸なども出来るようにしなければなりません。また、潜入する国や村の地理も調べておく必要があります。諸大将が合戦の時に使う旗印や幕紋、諸方の城主の印鑑の写しを持っておくと便利だとも書かれています。「孫子」に「彼を知り己を知れば百戦殆からず」とあるように、敵の事はどんな事でも知っておけば戦いには負けないからです。

**陰忍**　姿を消して敵中へ忍び込む

　忍び込む前には、敵の城をよく見聞して、忍び込む場所や脱出する場所を考えておきます。また月の出入りの時間を調べておき、月が出る前か入った後に忍び込むべきだとあります。忍者はそれほど明るくない月の光でさえ気にして、自分の姿がばれないようにしたのです。そして、忍び込もうとする日には昼寝をしておくのが良いとも書かれています。たとえ忍者でも、眠気には勝てません。

　「萬川集海」巻十四「察知サシ十六箇条」は、鍵について書かれています。「サシ」とは錠前の事です。さまざまな錠前の絵を載せています。それぞれの錠前の特徴を述べて、忍び込む時の錠前の開け方を解説しているのです。

　こうなると、盗人と同じです。だからこそ、忍者は「正心」（目的のために、正しく、道理を踏まえること）の心構えが必要だと強調されています。忍者は「正心」を持たなければ、盗人と同じなのです。

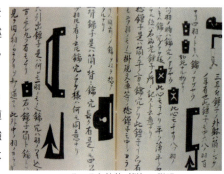
いろいろな錠前（鍵）の説明
「萬川集海」巻十四　隠忍篇（和田氏蔵）

# ❹ 忍び六具

## 忍者の道具

　何かを行う上で最低限必要な7つの道具を「七つ道具」と呼びますが、「正忍記」には、「七つ道具」ならぬ、諜報活動に必要な6つの道具「忍び六具」が紹介されています。それは忍者独自の武器や道具ではなく、一般の旅人たちが携帯している旅行の道具と同じものです。万が一、敵国で捕まり調べられたとしても、誰しもが持つ道具で怪しまれることはありませんでした。

### ① 印籠　携帯薬ケース

　ドラマ「水戸黄門」の最後の場面で、黄門さまが取り出すのが三つ葉葵の家紋が入った印籠です。印籠とは携帯用の薬入れのことです。3〜5段程度に分割する構造になっているので、数種の薬を収納できます。傷薬、腹痛などの薬や携帯食、毒薬まで、忍者はさまざまな薬を携帯していました。野外活動や、長期間の潜入の中で病気や怪我をした時に、薬は必需品でした。

印籠

### ② 編笠　帽子＋サングラス

　日除けや風雨を避けるための旅行道具として、一般的にもさまざまな形態の笠がありました。とくに深編笠や虚無僧笠などは、顔全体を隠すことができるので、忍者にとっては好都合です。自分の顔が知られると情報収集が上手くいきません。しかし、この帽子はよけいに目立つかもしれません。

編笠

### ③ 石筆　チョーク

　蠟を固めた現代のチョークのようなものです。味方に情報を伝える際など、いろいろな素材に目印や文字を書き残すことができました。この他に矢立（墨壺と筆の携帯筆記具）という便利な道具もありました。松尾芭蕉もきっと、この矢立てを持って諸国を回り、句を作ったのでしょう。

上：矢立　下：石筆

## ④ 三尺手拭　大きいタオル

　一尺は江戸時代の長さを表す単位で、約 30.3cm です。三尺は約 110cm になります。ただの木綿の手拭ですが、用途は広く、忍者にとっては必需品だったのです。

　例えば、丸腰（武器を持たない状態）で敵と戦わなければならない状況になった時、手拭があるだけで防具として役立ちます。さらに湿らせた手拭は、鞭のような武器にもなりました。防具、武器の他にも、包帯、頬被り（顔を隠す）、水のろ過など、さまざまな用途に使ったと考えられます。

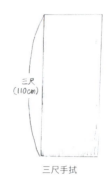

三尺手拭

## ⑤ 打竹　ライター、カイロ

　竹筒の中に火種を入れたもの。すばやく火を付けることができますが、火種を長時間保つことができないのが欠点です。他に火打石という道具もありますが、火花により発火をさせるため、火を付けるのに時間がかかってしまいます。

　冬の寒い時の潜入では、現在のカイロのような役割をしたと考えられます。探索するためには、季節は関係ありません。生きるために、このようなものが発明されたのでしょう。

打竹

## ⑥ 鉤縄　フック付きロープ、手錠

　投げ縄の要領で放り投げ、縄の先端に付けられた金属フックを目標物に引っ掛けて使います。屋根の上に登る時や、お城の堀を渡る時に使います。

　江戸時代には犯罪人を逮捕することを「お縄にかける」といいますが、縄を使って相手を取り押さえる道具としても使えます（捕縄術）。振り回すと鎖鎌のように武器にもなりました。

　「萬川集海」にも鉤縄は図解されています。一番忍者っぽい道具かもしれません。

鉤縄

「萬川集海」に見える鉤縄
（国立国会図書館蔵）

## ❺ 七方出

**七方出とは**

「正忍記」は、変装に適した7つの職業を紹介し、これを「七方出」と呼んでいます。七方とは、東・西・南・北・天・地・人（中心）の全方位を指し、あらゆる状況に応じて臨機応変に姿を変えることをいいます。他国に潜入しても、怪しまれにくい職業を良しとしました。しかし、単に服装を変えただけではすぐに偽者とばれてしまいます。変装した職業に必要な知識や技術も習得しておく必要がありました。

〜忍者七変化〜

### ① 出家（僧侶）

文字通り家を出て仏門に入った者のことです。勧進（寺院の建立や修繕のための寄付活動）や、托鉢（信者の家を回って、生活に必要な最低限の食糧などを乞うこと）をしながら布教活動や修行をしました。

出家

### ② 虚無僧

尺八・深編笠の出で立ちで帯刀（刀を携帯すること）を許された禅宗（普化宗）の有髪僧。深編笠は顔を隠すのには好都合でした。虚無僧は江戸時代になると幕府の統制下におかれ、諸国往来自由の特権を持たせた隠密としても活用されたといいます。

虚無僧

### ③ 山伏

修験道の行者。頭巾、袈裟の姿で、手には錫杖（金属の杖）を持ち、修行のために山中を駆け巡りました。加持祈祷（雨乞いや病気を治すお祈り）や、呪符（お札）、薬などを売り歩きました。

山伏

### ④ 商人

「あきんど」ともいいます。客がいる地域へ他国の商品を持ち運び、販売する人を行商人と呼びます。商品に関する知識や、方言なども体得しておく必要がありました。

商人

放下師

### ⑤ 放下師（曲芸師）

「道々の輩」とも呼ばれ、曲芸や手品、猿回しなどで諸国を巡業した人々です。「放下」とは仏教用語で、すべての執着を捨て去ることを意味します。芸をしながら仏法を説いた放下僧が起源であるといわれています。

猿楽師

### ⑥ 猿楽師

現在でいう能役者。勧進能（社寺の建立や修繕のために、入場料を取って催される能）を各地で行いました。また、大名が能役者をこぞって召し抱えたり、招き入れたりしたため、猿楽師は全国にいました。能の大成者である観阿弥・世阿弥父子忍者説があるほどです。

常の形

### ⑦ 常の形

特殊な職業ではなく、一般的な農民や職人、また武士などになりすますことを指します。他国によそ者が潜入した際にばれずにいることは、常の形が最も困難でした。

## 「萬川集海」の変装に関する逸話

「萬川集海」に登場する忍術名人の1人に山田ノ八右衛門がいました。八右衛門の変装についての逸話を紹介します。

ある日、八右衛門が伊賀一宮敢国神社の祭日の白昼に、友人の刀を抜き取ってみせるという大胆な約束をしました。祭りの当日、友人は蓑笠姿の八右衛門を見つけると、その後を追いました。途中、八右衛門は一軒家に立ち寄ると、すぐにそこを出て敢国神社近くの丘の上に座り込みます。そこで、友人は仲間に八右衛門の見張りを依頼し、参拝を済ませることにしました。友人は人混みをかき分け、ようやく拝殿の鰐口（鈴）を鳴らし、柏手を打って礼拝を終えました。

友人が境内の外へ出て来ると、刀を手にした八右衛門の姿があったのです。八右衛門は立ち寄った一軒家で同じ蓑笠姿の弟子と入れ替わり、自身は老婆に変装しました。そして友人の先回りをして、敢国神社の拝殿に潜んでいました。すっかり油断していた友人が礼拝をする隙を狙って、見事に友人の刀を抜き取ったのです。

八右衛門は蓑笠を使って別人と入れ替わり（双人の術）、さらに老婆に化けて人混みに紛れるという変装術をやってのけたのです。

# ❻ 忍食

## 「萬川集海」の保存食

　忍者は情報収集のために何日間も活動しなければならない時がありました。活動するためには食事を確保する必要があったので、携帯食は必需品でした。そこで考えだされたのが、水渇丸（すいかつがん）や飢渇丸（きかつがん）でした。水渇丸は喉が渇いた時のもの。飢渇丸は1日3粒食べれば、活動できるとあります。少し大げさかもしれませんが、効果は多少なりあったでしょう。

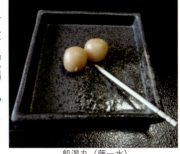
飢渇丸（藤一水）

## 水渇丸の作り方

　梅干の肉1両、氷砂糖2匁、麦角1匁を粉にして丸める

## 飢渇丸の作り方

　人参10両、そば粉20両、小麦粉20両、山芋20両、甘草1両、ヨクイニン（はと麦）10両、餅米粉20両
・酒3升に漬けて、酒が全て蒸発するまで待つ。3年ほどかかります。
・桃の種（直径約2cm）ほどの大きさに丸める。
　※両、匁とは昔の重さの単位（1両＝10匁＝37.5g）

## 「甲陽軍鑑」の兵糧丸

　「甲陽軍鑑」は、武田家に伝わる軍用書です。忍者だけでなく、武士も戦うためには、まず食べ物の確保が必要でした。そのため、その家の秘伝の兵糧丸が存在していました。ここには「遠き山に来て、民家を離れ七日食事を断つとも元気が増し、力衰えず」とあります。だいぶ大げさですが、それなりの効果はあったようです。材料に「釣鐘草花」とありますが、おそらく「ツリガネニンジン」のことでしょう。秋に紫色の花を付ける植物で、古来より根が薬用に効くと伝わっています。

「甲陽軍鑑」（中島篤巳氏蔵）

## ❼ 忍薬

### 忍者と薬

「忍び六具」に、携帯用の薬箱・印籠がありましたが、野外で活動することが多い忍者は薬を自分で調達しなければならないため、腹痛、擦傷、血止、解熱などに薬効がある植物をよく知っていました。忍者は薬の知識なしでは生き残ることが出来ませんでした。

例えば、トリカブトは毒薬として有名ですが鎮痛の効果もあります。トリカブトを写真で見たことがあっても、どこにあるか知っている人はほとんどいないでしょう。伊賀と甲賀は山に囲まれ薬草が豊富であり、トリカブトも自生していました。

ヤマトリカブト（伊賀市某所）

### 毒薬

甲賀二十一家の掟書が書かれている文書には、「毒虫を飼ってはいけない」という条項があります。わざわざ、そういうことを書かなければいけないのは、日常的に毒を使い、毒殺を行ったりしていたからだと考えられます。代表的なものは、ハンミョウやムカデ、オオスズメバチなどです。また、毒蛇はマムシが代表的でしょう。こうした毒虫や毒蛇を寝床に放つなんて、考えただけでも怖いことです。

マムシ
（伊賀市佐那具）

ハンミョウ
（伊賀市東高倉）

### 「萬川集海」の薬

「萬川集海」にも薬の記述がいくつかあります。その中で「アハウ薬」というものがあります。麻を燃やし、その匂いを嗅ぐと、アホのようになってしまうというのです。つまり、麻薬のことです。

330年前、すでに忍者が麻薬の効能を知っていたことは驚きです。麻は紅花、藍とともに「江戸時代三草」と呼ばれ、糸、縄、布、衣服などに用いられ、庶民にとって欠かせない植物でした。しかし、忍者は薬草として麻を見ていたのです。

「萬川集海」アハウ薬の項目
（国立公文書館蔵）

## ❽ 甲賀の薬と山伏

**全国一の薬草産地**

　忍者にとって大事な「薬」について、さらに詳しく紹介します。近江の薬は、平安時代の「延喜式」(927年完成)にある朝廷へ進貢された薬草・生薬の種類と数量の記録から、大和、奈良、越前などと比べて最も多く、73種類の生薬が進貢されており、全国一だとわかります。

　近江の中で、甲賀の薬草・生薬の役割は大きく、薬草・山伏を起源とした彼らの行動により、古から発展していたといえます。この薬草・山伏には3系統が有り、1つは多賀坊、1つは朝熊坊、もう1つは飯道寺系になります。

薬祖神
(くすり学習館　甲賀市甲賀町)

**多賀坊**

　多賀坊は現在の甲賀市甲南町磯尾を本拠地にしていました。多賀大社の不動院に属し、不動院の神札を持ち山伏姿で全国に信仰を説き、加持祈祷を行いました。この代表格が「多賀坊」を称し「中の坊・奥の坊」と名乗る木村家であり、その他「北

多賀大社（滋賀県犬上郡多賀町）

の坊」「西ノ坊」「成就院」があり山伏系統の村でした。ちなみに、江戸時代、尾張藩に甲賀者の頭分として木村奥之助が藩士として採用されています。

　彼ら山伏が諸国巡回の時の土産として、多賀大社の神教で作った「神教はら薬」を信者に与えます。磯尾の民家に残されている薬を作る薬器から、製造されていたと推測できます。

**朝熊坊**

　磯尾において「お多賀さん」の他に「朝熊さん」「愛宕さん」の配札を行っていた家もありました。朝熊坊は甲南町の本拠地を竜法師として、伊勢朝熊嶽明宝院に属し、多賀坊と同じく山伏姿で明宝院の祈祷札と土産に「朝熊の萬金丹」を持って全国に朝熊信仰を広めます。

朝熊岳金剛證寺（三重県伊勢市）

　竜法師の朝熊坊は総称で、望月本家は「本実坊」、中谷家は「叶坊」「との坊」「新重坊」「観光坊」など、それぞれの家が「坊」の名前を持ち名乗りました。

## 萬金丹

　伊勢の朝熊嶽明宝院と関係が出来たのは寛文10年（1670）頃、3代目望月本実坊が「萬金丹」「人参活血勢竜湯」を製造、施薬、販売したその後であり、それまでは飯道山の山伏でした。

　坊人の巡国配札の初めは、近江の国一円を対象としていましたが、後に全国に拡大しました。また彼らは配札の際、病人に対しては携えていた薬を施し、背負仏（虚空蔵さん）を並べ加持祈祷を行っていました。

「萬金丹」「一角丸」の薬袋
（くすり学習館　甲賀市甲賀町）

## 飯道寺

　飯道寺は役小角が開山の祖と伝わり、天台宗の密教系の修験道場として、中世には一大聖地として信仰を集め大きな勢力を持っていたと伝わります。最盛期には飯道寺の坊院は、智積院、梅本院、岩本院、など20箇所あまりの宿坊が立ち並び、多くの山伏

飯道山惣絵図（飯道寺　甲賀市水口）

を抱えていました。彼らは飯道山の各坊院に身分を置きながら多賀坊と関わりが深く、山伏として全国を配札と加持祈祷をして巡っていました。本拠地は仙良院の新治、快玄坊・奥の坊の磯尾、塩野の「円乗」「光慶」「常智」と広範囲に渡っていました。

## 天台宗の密教との関係

　甲賀市甲南町にある磯尾の医王寺・竜法師の嶺南寺・塩野の円満寺と天台宗の密教との関係が深いと考えられます。天平2年（730）、光明皇后が悲田院とともに初めて施薬院を置いて病気で苦しむ民を助けるシステムができたのですが、室町時代になってからその実態は廃絶状態になっていました。

　しかし、豊臣秀吉が天下統一と共に施薬院を復興します。その施薬院使が甲賀の飯道山（天台宗）に関係のある僧・全宗だったと伝わります。全宗は元々甲賀出身の延暦寺の僧侶でしたが、織田信長の延暦寺焼き払いの後、豊臣秀吉の主治医に上りつめ延暦寺を再興したと伝わっています。

飯道寺本殿（甲賀市水口）

## コラム⑤ 観阿弥忍者説

### 観阿弥の出自

変装術「七方出」の一つに猿楽師があります。猿楽師として活躍した人物に、観阿弥・世阿弥父子がいました。昭和37年（1962）、上野市（現伊賀市）の旧家から発見された「上嶋家文書」に、伊賀服部氏族の上嶋元成の三男が観阿弥で、その母は楠木正成の兄弟であると書かれています。つまり、観阿弥は伊賀の生まれで、正成の甥だというのです。室町時代初期は南北朝時代ともいい、観阿弥の子・世阿弥は、北朝方の足利将軍に仕えましたが、敵対関係にある南朝方のスパイだったのではないかという説があります。正成が南朝方の武将だったからです。

観阿弥

### 柳生 vs 観阿弥

江戸時代の初め、観世太夫（観阿弥の子孫）の能を、3代将軍・徳川家光と剣術指南役の柳生宗矩（柳生十兵衛の父）が見物した時の話です。「観世太夫に斬りつける隙があれば申してみよ」と、家光が宗矩に言い含めて見物が始まりました。能が終わり、宗矩は家光にこう答えました。「大臣柱で隈を取った時、わずかに隙がありました。あの時なら斬れたかもしれません」。一方、観世太夫も楽屋に戻るとすぐに「上様のお側で、私の動きを鋭く見ていた人がおられたが、あれはどなたですか」と、付き人に尋ねました。宗矩の素性を聞かされた観世太夫は感じ入った様子で、「なるほど、私が隈を取るところで少しばかり気を抜くと、一瞬、白い歯を見せられました。さすが剣術の達人」。これを聞いた家光は、二人の極意に感心したといいます。

宗矩が一介の剣術指南役に収まらず、大名の監視をする大目付という重職にまで出世できたのは、柳生一族（裏柳生）が暗躍していたからだといいます。柳生家の諜報網が確立したのは、全国の大名が柳生新陰流の門弟である剣士たちを召し抱えたので、宗矩はその門弟たちから各地の情勢を掴んでいたのです。

### 能役者のネットワーク

戦国時代以前より観世家を始めとする能役者たちが、大名のお抱えとなり、柳生家と同じように諜報活動をしていた可能性があります。大和四座（観世・宝生・金剛・金春）と呼ばれる能の各流派は、古くから互いに養子縁組を繰り返し、血縁関係を深める事で結束していました。それは戦国乱世を生き残るための処世術だったのでしょう。全国各地の能役者がネットワークを形成していたとなると、かなりの情報収集能力があったでしょう。忍者と能の繋がりがあったとすると、諜報活動を生業とする忍者にとって、これほど都合のよい事はありません。ちなみに「神君伊賀越え」で徳川家康を助けた伊賀者の服部平太夫（蓑笠之助）も、能役者であったと伝えられています。

## 【特別寄稿】忍者エッセイ 4

平成24年より三重大学人文学部は、伊賀市の地域活性化センターを拠点に、「伊賀の歴史と資源を活用した現地型授業」を実施しています。事業の一つとして「伊賀忍者」を取り上げて学術的に研究・発表しています。伊賀忍者研究会は三重大学と提携し、さらに忍者・忍術研究をすすめます。今回、三重大学教授より特別寄稿を頂きました。

# 修験と忍者

山田雄司

### 修験道とは

　修験道とは、日本古来の山岳信仰が仏教・神道・陰陽道などと結びついて、平安時代中期のころに成立した宗教とされている。修験道では、厳しい山に入って修行することにより、罪穢（つみけがれ）を捨て、肉体と魂を浄化し、新たに生まれ変わるという「擬死再生」により人並み外れた能力を体得できるとされた。

　そうした法力を得た修験者は、各地をまわって日待・月待・荒神・庚申などの祭における導師や、加持祈祷、調伏、憑きものおとし、病気治し、符呪やまじないなどの呪術宗教的な活動を行い、庶民の現世利益的な要求に応えた。

　これら修法の大部分は密教の修法や道教の符呪などを、目的に応じて適宜に簡素化したものである。修験道でよく用いられた修法についてまとめられている『修験常用秘法集』に「兵法九字之大事」として記される以下の九字法は忍術にも取り入れられている。

　　　　先護身法
　　臨　外縛二立合_中指_　　兵　大金剛輪印
　　闘　外獅子印　　　　　　者　内獅子印
　　皆　外縛立合二頭指　　　陣　内縛印
　　烈　智拳印　　　　　　　在　日光印
　　前　宝瓶印
　　　爰十字習有レ之、此印云_須弥鉄印_、
　　勝　軍除惑出行勝負書、此字又書_成手内_、

　修験道においては、修法を開始する際や山入りをする際に九字の印を結んだり、虚空で九字を切ったりするなど、魔を遠ざけたり結界をするときに用いられ、修験道にとって九字法は重要な儀礼であった。

　修験道は、奈良時代に葛城山（かつらぎさん）に住み、鬼神を使役して呪術を

『萬川集海』巻第十三
隠忍三

行ったとされる役小角（役行者）を開祖とし、伊賀・甲賀地方にも役行者を祀る寺院が多数存在する。また、現在でも甲賀地方に多い製薬業は忍者のもっていた修験道の知識がその起源とされている。すなわち、忍者は修験道に大きな影響を受けたもしくは、修験者の末裔であるとされるが、果たして本当であろうか。

　なぜそのような疑問を持ったのかと言えば、忍術書の代表とされる『萬川集海』の中の、巻第十三隠忍三には、「隠形之大事」という、身を隠す咒が記されているが、そこに書かれているサンスクリットは、とてもサンスクリットを知っている人物が書いたとは思えないからである。また、忍術書全体からしてみると、修験の要素がうかがえる部分はほんのわずかであることも、「忍者」が修験道の直接的影響を受けているのではないことを感じさせる。

### 日本の兵法書

　それならば、なぜ忍術書の中に、修験道的要素が見られるのか考えてみたい。私はそれを解く鍵が兵法書にあるのではないかと考えている。

　南北朝・室町期に編纂されたと考えられる兵法書である『張良一巻書』『兵法秘術一巻書』『義経虎之巻』『鬼一法眼秘術書』『兵法霊瑞書』『虎兵法』等の内容は、『孫子』などの中国古代兵法書とは違い、個人的な戦い方について記しており、密教・陰陽道・修験道などの要素が強い。

　これら兵法書は、古代中国に成立したものを大江維時や吉備真備が日本に伝え、その後大江氏に伝えられたなどとされる。しかし、現在伝わっているこれらの兵法書は、太公望呂尚、張良、黄石公などに仮託されるものの、日本で作成された「偽書」である。

『張良一巻書』
（『兵法虎之巻詳譯』所収）

　古くは開化天皇十九年に中国から日本に将来されたが、後に伝えられなくなり、承平元年（931）大江維時が再び将来して大江家に伝えられていたところ、源義家が奥州平定のために大江匡房に依頼して、肝要な部分を抜き出して四十二箇条の和文に改めて書き直されたものとされる。しかし、その内容は、インド起源の仏教占星術を概説した『文殊宿曜経』の影響が色濃く、真言密教系の僧侶の手になる偽書だとされる。

　中国の兵法書には「間諜」について詳しい記述があるが、日本では史書に「間諜」に相当する語が見られず、中国と比べて兵法書も発達しなかった。これは、異民族の脅威に常にさらされていた中国と、そうした状況にない日本との差なのではないだろ

うか。中国の兵法書では、戦争は敵を欺くこと（「詭道」）を基本とし、利に合致するかどうかを行軍の基準とする、集団での戦いについて述べたもので、戦中における迷信・呪術を禁じていたことは、日本のそれとは大きく異なる点である。

中国の兵法書でも唐の李筌による『太白陰経』や北宋の許洞による『虎鈐経』などは呪術的内容を含んでいるが、これも陰陽道や雑占、相術などで、日本の兵法書とは内容が大きく異なっている。

**兵法書の内容**

南北朝期の日本の兵法書には、出陣の際の作法などとともに、「闇夜明眼ノ秘術」「隠身ノ秘術」「飛行自在霧鞭之大事」「兵法九字ノ大事」「敵ノ為メニ火中ニ攻メ籠マレンニ火難ヲ免ルヽ秘術」「敵ノ為メニ水ニ溺レンニ水難ヲ免ルヽ秘術」といった、「しのび」が用いるのにふさわしいような修験道的要素を伴っていることが目を引く。このような兵法書は呪術性の強い中世的世界を反映しており、また武力を有した寺院に伝えられたため、宗教性が強かったとも言える。

上杉謙信印判
（『上越市史 別編１ 上杉氏文書集１』）

例えば、『兵法秘術一巻書』では「隠形の秘術の事」として、以下のように記している。
　左の手を胸にあてて仰ておく。右の手を上にうつぶけて中をすこし屈して摩利支天の隠形の秘印明を用者也。呪に曰く、
　唵謝摩利伽陀羅ソハカ
　是を摩利支天の隠形の三魔地門に入ると云也。
　　又曰、後代の名匠の口伝に云、印は上に同じ。呪に曰く、
　唵魔利支寧諦々々阿奈隠陀羅ソハカ
　この呪を七反みつべし。かならずかくるる秘伝也。

印を結んで真言を唱えることによって消えることができるというのは、後の「忍術」につながっていくあり方と言えよう。印を結んで呪文を唱えれば消えるという忍者のイメージは、何の根拠もなく創造されたのではなく、これら兵法書に起源を求めることができる。このような作法は現代人の我々からすれば「荒唐無稽」なのかもしれないが、かなり信じられて実際に行われていたと思われる。

『太平記』には「しのび」の活動が見られるものの、南北朝の段階ではまだ武士と「しのび」の職能がそれほどはっきりと別れておらず、戦闘の際には宗教的行為が重要な意味を持っていたことが想像される。

## 戦国期の修験道

　戦国期は神仏に対する認識の転換期であり、為政者の中には宗教世界に傾倒していた人物もいた。その代表が管領であった細川政元である。政元は「四十歳ノ比マデ女人禁制ニテ、魔法飯綱ノ法アタコノ法ヲ行ヒ、サナカラ出家ノ如ク山伏ノ如シ」人物で、安芸国から上洛してきた山伏である宍戸又四郎家俊（司箭院興仙）から魔法である飯綱の法・愛宕の法の術を受け、さながら山伏のようだったという（『足利季世記』巻二、「司箭伝」）。家俊は愛宕の神に祈誓してその術に通じ、飛行が自由にできるようになったとされ、鞍馬寺に入って兵法を修めた。飯縄・愛宕とも修験道の霊地であり、そこでは数多くの修験者たちが修行した。また、鞍馬寺も修験の霊地であるとともに、源義経が鞍馬の天狗に兵法・剣術を習ったとする話が室町時代には広がっており、兵法と修験との関係が密接であったことがわかる。

　また、上杉謙信は印判に「勝軍地蔵・摩利支天・飯縄明神」の名を刻み、自ら春日山城内の毘沙門堂に籠もって毘沙門天・勝軍地蔵・摩利支天等を拝んで「敵退散ノ秘法」を行うなど、修験の影響が強かった。

　このように、戦国期には、兵法の中に修験道などの呪術的要素が包含されており、大名たちは修験者を用いて戦勝を祈願した。修験者は祈祷や武力の面で大名に貢献したほか、山中を駆け回り、いち早く情報を伝える役割をも担っていたのである。

## 兵法から兵学へ

　17世紀になると、『孫子』『呉子』『司馬法』『尉繚子』『六韜』『三略』『李衛公問対』といった武経七書が日本で開版されたことにより、中国兵法が日本に定着することになり、江戸幕府にとっての統治術としての兵学が確立された。実践としての兵法から学問としての兵学への変化である。

　そしてそれにともない、これまで日本の兵法書が有していた「しのび」の要素や呪術的側面は切り捨てられることになった。

　他方、国家から切り離された部分が在地に残り伝えられ、さらにさまざまな要素を加味して「忍術」となっていったのではないだろうか。つまり、「忍術」には呪術や「しのび」などの中世的要素が多分に含まれていると言える。もちろん中世そのままではなく、特に思想的側面は近世幕藩体制に符合した内容とならざるを得ない。

　ゆえに、修験道との関係については、兵法は中世段階で修験道の影響を大きく受けたものの、その後「忍術」が確立されてくる段階においては、直接的影響は受けなかったのではないだろうか。そのため、『萬川集海』の真言があいまいに書写されたものと思われる。そして、伊賀・甲賀に広がる修験道や役小角像については、講についての調査を今後深めていく必要があるだろう。

# 『NARUTO』と『ONE PIECE』

吉丸雄哉

　『NARUTO - ナルト -』は好きですか？　『NARUTO』は岸本斉史が『週刊少年ジャンプ』（集英社）に 1999 年から連載している漫画です。単行本は現在（2013 年 9 月）で 66 巻まで刊行されています。

　うずまきナルトという少年忍者の戦いと成長を描いた忍者漫画です。この本を手にとる人なら、知らない人のほうが少ないのではないでしょうか。海外でも翻訳されていて、30 カ国以上で出版され、2009 年の段階で 3000 万部を記録したそうです。私は大学の教員を職業としています。中国や韓国の留学生たちが『NARUTO』を知っているのはもちろん、スウェーデンからの留学生も愛読しているので驚きました。スウェーデン語版があるのです。国内での 2013 年 2 月時点での単行本の売り上げは 1 億 3128 万部だそうです。私は iBooks という電子書籍で揃えているので、そういった数を含めるともっと多くの人に読まれているといえるでしょう。

　ところで『ONE PIECE』はお好きでしょうか？　尾田栄一郎の『ONE PIECE』も『NARUTO』と同じく、『週刊少年ジャンプ』に掲載されている人気漫画です。海賊の少年モンキー・D・ルフィが〝ひとつなぎの大秘宝（ワンピース）〟を求めて大海原を巡る冒険漫画です。『NARUTO』より二年早く始まっていて、現在まで 71 巻が刊行されています。70 巻までで累計 2 億 9000 万部が販売されています。『NARUTO』の二倍ですが、『ONE PIECE』の記録は国内最高記録ですし、『NARUTO』が人気がないわけではまったくありません。

　私が留学生を見る限り、『ONE PIECE』と『NARUTO』では『NARUTO』に興味を持っている学生が多いようですし、海外での人気もほぼ互角という印象があります。『NARUTO』も『ONE PIECE』も、ともに優れた漫画です。この二つが掲載されている集英社の『週刊少年ジャンプ』が「友情、努力、勝利」というテーマを重視していることはよく知られています。『NARUTO』も『ONE PIECE』もそれらの要素は十分感じさせる、ともに『週刊少年ジャンプ』らしい漫画です。

　しかし、『NARUTO』と『ONE PIECE』は大きく違う要素があります。その相違点が、作品の魅力のかなめになっています。では、どのように違うのでしょうか。

　簡単に言ってしまえば、『ONE PIECE』は新世界（アメリカ）的ストーリーであり、『NARUTO』は旧世界（ヨーロッパ・アジア）的ストーリーなのです。

　トム・ソーヤーを知っていますか？　トム・ソーヤーはアメリカの作家マーク・トウェインが 1878 年に出版した『トム・ソーヤーの冒険』という小説の主人公の少

年です。『トム・ソーヤーの冒険』はセント・ピーターズバーグというミシシッピ川流域にある架空の街を舞台にしています。トムは10歳の少年で両親はおらず、おばさん母子と暮らしています。トムはわんぱくな少年で、おばさんの言うことをききませんし、学校の先生の言うこともききません。いつもいたずらばかりしています。このトムが友人のハックルベリー・フィンらと起こす騒動や冒険を描いた小説です。

　1840年代のアメリカを描いた作品として、アメリカ文学史に残る傑作と言われています。ディズニーランドにもトム・ソーヤーの島がありますね。『トム・ソーヤーの冒険』でのトムの活躍はワクワクあるいはハラハラ、ドキドキさせるものです。現代で人気があるのは、戦いの場面が中心となったバトル漫画・アニメです。『トム・ソーヤーの冒険』には喧嘩の場面もありますが、それはあくまでエピソードのひとつに過ぎず、トムの個性とトムのなす冒険が作品の魅力になっています。バトルを描かなくても、こんなに面白く少年が描けるのだと感心します。私がトム・ソーヤーを知ったのはアニメ・世界名作劇場で放送された『トム・ソーヤーの冒険』(1980)でした。小説を読んだのはそれから四、五年あとでした。ですから『トム・ソーヤーの冒険』といえば、アニメの『トム・ソーヤーの冒険』の印象が強いです。トムは麦わら帽子に、はだしですが、これは誰のトレードマークになっていますか。

　トム・ソーヤーがアメリカン・ヒーローの一人に数えられるのは、トムのフロンティアスピリッツを体現する冒険心ももちろんですが、トムが両親がいないこともあります。アメリカはそもそも、因習深く、固定的な社会のヨーロッパが嫌になって飛び出してきた人たちが作った自由の国・新世界です。ヨーロッパという旧世界・両親から飛び出した人たちの国ですから、アメリカ人は独立性を重んじます。自由にふるまうトム・ソーヤーはアメリカそのものなのです。さて、『ONE PIECE』のルフィはどうでしょう。トレードマークの麦わらも、裸足もトム・ソーヤーそっくりですね。トム・ソーヤーは家出してミシシッピ川をいかだで下り、海賊ごっこをします。ルフィは、世界中の海賊が集まる海「偉大なる航路（グランドライン）」を目指して旅し、さらには新世界へと進んでいきます。

　ルフィは両親のいない状態で育ちます。トム・ソーヤーの要素を引き継ぎつつ、より大きな冒険に出たのがルフィといえるでしょう。

　では、『NARUTO』はどうでしょう。ナルトも当初はみなし子として登場します。では、ナルトもルフィと同じくトム・ソーヤーと似たヒーローなのでしょうか。『ONE PIECE』が『トム・ソーヤーの冒険』に似ているなら、『NARUTO』が似ているのはハリー・ポッターシリーズです。ハリー・ポッターシリーズは、イギリスの作家J・K・ローリングが1997年に第一作の『賢者の石』を刊行して以降、2007年の『死の秘宝』まで七作品が書き続けられました。ダニエル・ラドクリフ主演の映画も大ヒットし、テレビでも放送されていますから、まったく知らない人はいないでしょう。日

本では 1999 年 12 月に最初の『賢者の石』が翻訳出版されました。イギリスでの出版と、日本での翻訳に一年ほどのタイムラグがあるのが待ちきれず、第六作と第七作を洋書で読んだのも懐かしい思い出です。

　ハリー・ポッターシリーズの内容は、孤児でいじめられっ子のハリー・ポッターという 11 歳の少年がホグワーツという魔法魔術学校に入学し、以後成長を重ね、両親を殺したヴォルデモート卿と最終的に戦うというものです。ハリー・ポッターは額に稲妻型の傷があります。ネタバレになってしまいますが、この傷はヴォルデモートの力がハリーに封印されたあかしでした。ナルトも村を襲って両親を殺した九尾という怪物が本人に封印されています。『NARUTO』の刊行時はまだ『賢者の石』の日本語版は刊行されていませんでしたが、すでに世界的ベストセラーとしてハリー・ポッターは知られていたので、作者の岸本斉史はハリー・ポッターを参考にしたのではないでしょうか。

　先生にひどいいたずらをし、学校なんてくそくらえ、という感じのトム・ソーヤーに比べ、ハリー・ポッターではホグワーツ魔法魔術学校が大きな役割を果たします。そこで、ハリーは魔法を学び、友人を得ます。ダンブルドア校長をはじめ、セブルス・スネイプやハグリッドといった教師たちとの関係も、作品のなかで大きな役割を果たします。

　『NARUTO』には忍者の学校(アカデミー)が出てきます。また『NARUTO』には「里」とよばれる集団、そして上忍・中忍・下忍といった組織があります。岸本斉史は『NARUTO』を描くさいに、桐山光侍『NINKU - 忍空 -』(1993-1995)に影響を受けたと述べています（文庫本 3 巻）。『NINKU』は忍空技という格闘術が描かれる作品で、『NARUTO』に似ています。『NINKU』も面白い漫画でしたが、『NARUTO』ほどの人気を得ないまま終わってしまったのは、『NINKU』が近代兵器を使う帝国軍と戦う設定で、『NARUTO』に比べて忍者的要素が少なかったのが理由ではないかと思います。つまり、『NARUTO』にある上忍・中忍・下忍という上下関係のある忍者組織が出てくるといった忍者らしさの多さこそ『NARUTO』が成功した理由なのだと思います。

　『NARUTO』には多くの大人が出てきます。少年漫画に出てくる大人は敵であることが多いのですが、『NARUTO』ではナルトたち若者を守り、導いていく大人が多く出てきます。はたけカカシ先生、マイト・ガイ先生、あるいは自来也、綱手といった大人のキャラクターも人気があるのが『NARUTO』の特徴です。これもダンブルドア校長やスネイプといった大人のキャラクターも人気があるハリー・ポッターとの相似点です。

　そういうわけで、トム・ソーヤーのような新世界的なヒーローがルフィであり、ハリー・ポッターのような伝統のある旧世界（非アメリカ的世界）のヒーローがナルト

です。『NARUTO』の世界は日本とは明言されていませんが、忍者が登場するので、忍者のいる日本と同じく、伝統のある世界を背景にしているといえます。

　父的な存在が不要、あるいは拒否するアメリカン・ヒーロー（スーパーマンもバットマンも親や先輩・先生は助けてくれません）の魅力は当然あります。人間には独立心や自立心があるからです。その一方で、自分のあこがれとなる人を設定して、その人に近づきたい、その人から学びたいという気持ちがあります。多くの人に、その人にとってのスターがいるはずです。

　ところで、英語になった日本語に "sensei" があるのは知っていますか？　柔道・空手などの武術の道場で教えてくれる人を "sensei" と言います。アメリカで作られる忍者映画やアニメには必ずといって、主人公の師範が出てくるのですが、彼らは "sensei" とそのまま呼ばれているのです。忍者を主人公にする作品には、主人公に技術を教え、また心を鍛えてくれる "sensei" の存在は欠かせません。

　私にもこれを読んでいる皆さんと同じく、学校に通っていた少年時代というのが当然ありました。それから紆余曲折あって、今は人に「先生」と呼ばれる職業についています。ですから、『NARUTO』を読むと、ナルトたち少年少女の頑張りや友情に共感すると同時に、『NARUTO』に出てくる "sensei" である大人たちから目が離せません。『NARUTO』を読むたびに、自分も "sensei" として頑張らないと、と思うのです。

# おわりに

　この「忍者の教科書」は、2年前に自費出版で制作した「新萬川集海　巻ノ一」という本の内容をより専門的に進化させたものです。今回も、前回のように自費出版で作ろうと考えていましたが、三重大学人文学部の吉丸雄哉先生に自費出版ではもったいないと言われ、出版社の笠間書院を紹介していただきました。出版社から刊行することで、広く全国の書店に並ぶことが可能になりました。

　前回は伊賀忍者研究会だけで本を作りましたが、今回、この本を作るにあたっては、甲賀忍術研究会の皆様、三重大学人文学部の先生方にもご協力をいただきましたこと、御礼申し上げます。また、笠間書院の西内さんにも御礼申し上げます。

　最後になりますが、忍者の研究をしていて思うことは、忍者が情報収集するために心がけていることは、今の子どもたちが生きていく上でヒントにもなるということです。それらを現代流に解釈し、十ヶ条として以下にまとめました。ぜひ皆さんも、忍者のような心で生活をしてみてください。

## 現代流 忍者十ヶ条

**その一　目立たない！**
控え目に、さりげなく行動する。そのことで情報は集めやすくなってきます。

**その二　敵を作らない！**
敵を作ると、その人から邪魔されることがあります。

**その三　友だちを作る！**
色々な友だちを作ると、その人から色々な情報が入ってきます。

**その四　言葉に堪能になる！**
まず日本語をしっかり学習し、さらに英語を使えることで多くの情報が入ります。

**その五　色々な趣味を持つ！**
趣味を多く持つと、それだけ多くの人と知り合えて情報が入ります。

**その六　観察力をつける！**
植物、動物に興味を持ち、観察することで情報の分析力がつきます。

**その七　アンテナをはる！**
新聞、インターネットで、いつも最新の情報に敏感になる。

**その八　集中力を鍛える！**
情報の価値を瞬時に判断する集中力をつける訓練をする。

**その九　体力をつける！**
自分の足で情報を手に入れなければならない時もあるので、身体を鍛える。

**その十　学習する！**
失敗は誰にでもある。しかし、なぜ失敗したかを考え失敗から学ぶ。

# 忍者の教科書 2

新萬川集海
(しん まん せん しゅう かい)

伊賀忍者研究会【編】
山田雄司（三重大学）【監修】

The Ninja Textbook 2

笠間書院

# はじめに

　今、忍者が脚光を浴びています。その大きな要因の一つは、2012 年から三重大学人文学部が学術的に忍者・忍術研究を始めたからです。国立大学が忍者・忍術を研究するということは、いまだかつてあり得なかったことです。それが実現したということは、忍者・忍術研究はそれだけの意義があり、価値があるということでしょう。

　私たち伊賀忍者研究会は、忍者・忍術研究を現在に応用すべきと考えてきました。忍者の主な仕事は、情報を収集することです。情報を得るためには相手の心情を理解し、臨機応変にその状況に対応し、情報を得たのちは必ず生きて戻らなければなりません。そのために生み出された忍術は、現代にも大いに役立つことでしょう。
　研究会ではこうした視点から、忍者・忍術の歴史を研究し、忍者がどのように活躍したか、伊賀者・甲賀者が残した忍術を解明し、伊賀から発信し続けています。
　私たちはそれを「忍者学」、英語で "NINJALOGY" と呼ぶことにしました。

　その成果を集約したものが、2014 年 2 月に刊行した書籍『忍者の教科書　新萬川集海』です。江戸時代に記された、伊賀・甲賀に伝わる忍術書『萬川集海』を紐解きながら、忍者の仕事、歴史、忍術や忍具をやさしく解説しました。
　本書は、前回よりもさらに深く、忍者・忍術を理解してもらうことを主眼におき、忍者・忍術研究の最前線の方々に執筆をお願いしました。武道家であり忍術研究家の中島篤巳氏、忍術を現代に受け継ぐ川上仁一氏、甲賀忍者の子孫である渡辺俊経氏、三重大学で忍者を研究している山田雄司氏・吉丸雄哉氏というエキスパートたちが、最新の忍者・忍術の情報を皆さんに伝授します。

　"COOL JAPAN" の代表といっていい "NINJA" は、日本だけでなく世界からも注目されています。特に若い人たちが本書を読み、忍者の聖地である伊賀・甲賀を訪れ、世界中の人々と忍者・忍術について語り合うときに少しでも役立てば、私たち研究会の最大の喜びと考えています。

『忍者の教科書　新萬川集海』

伊賀忍者研究会代表　池田裕

# 1

## 忍者の歴史をおさらいしよう！
──情報収集、情報発信のスペシャリストたち──

池田 裕

# 忍者の歴史と基礎知識

## 1. 忍者の実像と虚像

　忍者は伊賀者・甲賀者のことです。伊賀と甲賀が忍者発祥の地です。「忍者」は歴史的には「しのびのもの」と読みます。現代は、虚像の忍者像が広く知られています。映画、テレビ、漫画などに出てくるカッコイイ忍者たちです。日本人だけでなく外国人も、虚像の忍者像しか知りません。「忍者などは存在したはずがない」という人もいます。忍者はいつも黒装束を身につけていたわけでは

忍者（中島篤巳氏蔵）

ありません。また、呪文を唱え口に巻物をくわえれば変身できたわけでもありません。刀は背負ってはいませんでした。そういった忍者は、すべて作り上げられた虚像の忍者なのです。実像と虚像を区別することは重要です。
　忍者の史料など残っていないと思われるかもしれませんが、意外に残っています。今まで忍者研究は学問として確立されていませんでしたが、最近、三重大学が先頭となり、忍者・忍術が研究されるようになりました。戦国時代から江戸時代末期まで、情報収集、情報発信のスペシャリストであった実像の忍者とは、どのような者たちだったのでしょうか。伊賀や甲賀に残る史料から、実像の忍者に迫ります。

## 2. 忍者の定義

　忍者とは一体何者なのでしょうか。『広辞苑第六版』に、忍者は「忍びの者。忍術使い」、忍術は「密偵術の一種。武家時代に、間諜・暗殺などの目的で、忍者が変装・隠形・詭計などを利用し、人の虚につけこんで大胆・機敏に行動した術策。隠形の術に金遁・木遁・水遁・火遁・土遁の5道があり、甲賀流・伊賀流などが最も有名」とあります。伊賀者、甲賀者は伊賀、甲賀地域の地侍の呼称ですが、地侍すべてが忍者だったわけではありません。その中の何人かが忍術を使うことを得意としました。先祖より伝わる忍術で、戦国時代に生き残りをかけて戦った者たちです。彼らは全国の大名に引っ

張りだこになります。『広辞苑第六版』に記されている忍者の定義は、どの史料を参考にしたのかわかりません。「忍者」の記述がある史料をいくつか見てみることにします。

## 3. 忍者の記述がある史料

- **『近江輿地志略』**

享保19年（1734）に膳所（現滋賀県大津市）藩士の寒川辰清が編纂した近江の地誌。「甲賀郡」の項目に「忍者」の説明があります。重要な点は、忍者は「伊賀」「甲賀」だと断言していることです。そして、「敵の城内への自由に忍び入り密事を見聞きして味方に告知する者也」と定義しています。忍者の特長をよく表している史料です。

伊賀甲賀の位置

　忍者　伊賀甲賀と号し忍者という。敵の城内への自由に忍び入り密事を見聞きして味方に告知する者也。西土に所謂細作也、軍家者流にかぎ、物聞という類也。永禄年中頃に飛加藤という者最妙手の名あり（『近江輿地志略』）

- **『武家名目抄』**

万延元年（1860）頃に和学講談所の塙保己一が編纂した書。鎌倉時代以降の武家に関する名称、品目を職名など16部門に分類し、古書・旧記に関係文を採録した書です。「職名部二十四下」に忍者の定義が記されています。忍者の役割は敵の情報の偵察や、敵の城に忍び込み火を付けること。また、刺客として潜入すること。伊賀国と甲賀国は京都に近く地侍が多く、応仁の乱以降は、さまざまな流派を立て日夜戦い、生き残るために自然と間諜の術を身につけた者がいたとあります。忍者は、間諜の術を得意とした戦いのプロフェッショナルなので、全国の大名はこぞって伊賀者、甲賀者を雇い、忍びの役に命じたとあります。間諜とは、ひそかに敵側の情勢をさぐって味方に通報する者です。スパイと考えてもいいかもしれません。

　按、忍者はいはゆる間諜なり、故に或は間者といひ又諜者とよぶ、さて其役する所は他邦に潜行して敵の形勢を察し、或は仮に敵中に随従して間隙を窺ひ其余

敵城に入て火を放ち、又刺客となりて人を殺すなどやうの事大かたこの忍がいた
す所なり、物聞・忍・目付などいふも多くはこれが所役の一端なるべし、もとよ
り正しき識掌にあらざれば其人のしな定まれることもなし、庶士の列なるもあり
足軽同心又は乱破透破程の者もありしとみゆ、京師に近き所にては伊賀国又は江
州甲賀の地は地侍多き所なりければ、応仁以後には各党をたてゝ日夜戦争を事と
して竊賊強盗をもなせしより、おのづから間諜の術に長ずるもの多くいできしか
ば、大名諸家彼地侍をやしない置て忍の役に従はしむる事の常となりてより、伊
賀者甲賀者とよばるゝもの諸国にひろごり
ぬ（下略）（『武家名目抄』）

- 『宗国史』

宝暦元年（1751）に完成した藩政史書。津
藩城代家老藤堂高文が編纂しました。伊賀者を
配下においた津藩は、伊賀者をどのように定義
していたのでしょうか。漢文で記されています。

伊賀上野城天守閣

　　　伊賀者古細作之職也、常時在伊賀、属奉行、
　　　公東観、従行直邸中、属留主居、按定彊之時、
　　　不聞別有此目、元和清平之後、累挙十数人、
　　　当時細作之巧、江之甲賀、及伊之諸村、冠
天下、故世人称細作、直言伊賀者、或言甲賀者、公之所募、不必悉出伊賀、蓋通
称也、［一曰、忍者、邦言指微行、謂忍、本官在戦場、能潜行入敵営、因名］
（『宗国史』「家中役人坐席之覚」）

　昔は細作（間諜）の職で、通常は伊賀に在籍し加判奉行に属しました。参勤交代で
藩主が江戸に行くときは護衛をして、江戸屋敷では宿直をしていました。江戸では留
守居役に属しました。元和元年（1615）には十数人いて、忍術が巧みな近江甲賀と
伊賀各村の忍者の存在が天下に轟いていました。ゆえに、世の中の人は忍者を伊賀者、
あるいは甲賀者と呼びました。ただし、必ずしも伊賀者は伊賀出身者というわけはあ
りませんでした。忍術の巧みな者は、誰でも伊賀者になれたということです。伊賀者
は細作の通称で、忍者が日本の呼び名で、よく敵陣に侵入することから忍と名づけま
した。

## 4. 戦国時代の忍者

　戦国時代は忍者がもっとも活躍した時代です。戦国時代は一般的には、応仁元

年（1467）より、織田信長が室町幕府第15代将軍足利義昭を追放した元亀4年（1573）までをいいます。しかし、忍者が活躍した戦国時代は、大坂夏の陣で豊臣家が滅びた慶長20年（1615）、いわゆる元和偃武までと考えます。「偃武」とは、中国古典『書経』周書・武成篇の中の語「王来自商、至于豊。乃偃武修文。（王商自り来たり、豊に至る。乃ち武を偃せて文を修む）」に由来し、武器を偃せて武器庫に収める事を指します。よって、元号も元和元年になります。それ以降の忍者は性格が変わってきます。

## 5. 江戸時代の忍者

江戸幕府における伊賀者は、職制としての伊賀者であり、戦国時代の傭兵的性格は失ってしまいます。彼らは「御広敷伊賀者」、「明屋敷番伊賀者」、「小普請方伊賀者」、「山里伊賀者」にわけられます。これらの伊賀者は大奥の警備、人の住んでいない大名屋敷の警備、普請場の巡視や職工の勤怠の観察に携わりました。

1行目に「夜盗」とある
（寛永19年『御支配帳』鳥取県立博物館蔵）

しかし、藤堂藩における伊賀者は江戸幕府の伊賀者とちがい、戦国時代の傭兵的性格を色濃く残していました。慶長13年（1608）、藤堂高虎が伊賀を治めますが、伊賀の地侍のリーダー格を藤堂藩に組み込むことで、他の地侍も統制します。彼らを後に「忍び之衆」と呼びました。寛永13年（1636）に、高虎が伊賀の地侍をそれぞれの特技をもって

澤村家の家紋「四丁字」

四班に編成した名簿『伊賀付差出帳』に、「忍び之衆」20名が見られます。『宗国史』に藤堂藩の「忍び之衆」という呼称は、盗賊のような呼び方なので、「伊賀衆」あるいは「伊賀者」と称すように改正されます。

鳥取藩でも、忍者は当初「夜盗衆」でしたが、その後、「御忍衆」という呼称になります。主な仕事は、一揆の探索、泥棒の取り締まり、参勤交代での殿様を警護、異国船の情報収集などです。藤堂藩伊賀者澤村甚三郎保祐は、嘉永6年（1853）、ペリーが黒船で浦賀に来航した際に探索を命じられています。澤村家にはそのときの携帯用狼煙筒や水中松明などの忍器が残っています。

## 6. 忍者が活躍した戦

### ・鉤の陣

　世上普く伊賀・甲賀の忍者を称する事は足利将軍家の鉤御陣の時、神妙奇異の働きありしを日本国中の大軍眼前に見聞きする故に其以来名高し、鉤陣に伊賀の河合安芸守一族家士、忍に於いて抜群の功あり故に代々伊賀者を称せらる。これ伊賀者の名の起こり也（『近江輿地志略』）

　『近江輿地志略』に、長享元年（1487）の鉤の陣の活躍で、伊賀者・甲賀者の名が日本全国で轟いたとあります。鉤の陣とは近江国守護六角正頼・高頼親子を討伐するために、室町幕府第9代将軍足利義尚が起こした戦です。幕府軍は近江鉤に陣を構えますが、六角親子は甲賀者と伊賀者に頼り、居城である観音寺城を捨て、甲賀山中に隠れ、さらには伊賀まで逃げ込み「亀六の法」というゲリラ戦術で応戦します。抜群の功績を残した忍者は、伊賀の河合安芸守一族だと記されています。鉤の陣では甲賀者と伊賀者が手を組みました。強大な相手と戦うためには、そうせざるを得なかったのです。両者は敵対していたとよくいわれますが、それぞれ甲賀郡中惣と伊賀惣国一揆という集団で、同盟を組んでいた仲間でした。甲賀者はこの戦いに参加した者を甲賀五十三家、活躍した者を甲賀二十一家と呼びました。

「甲賀五十三人之士」（渡辺俊経氏蔵）

### ・第一次天正伊賀の乱

　菊岡如幻が著した『伊乱記』の記述をベースに、他の資料を参考に時系列に見てみます。天正3年（1575）、織田信長は伊勢国を実行支配するために、次男信雄を伊勢国司北畠具教の養子にさせます。翌年、北畠具教は謀殺され、信長が北畠家を完全に支配することになります。

　天正6年（1578）、信雄は伊賀国を支配するために、北畠家の居城であった丸山城を滝川勝雅に修築させます。このことに危機感を持った伊賀惣国一揆衆は、木津川を挟む丸山城対岸の無量寿福寺に集まり、丸山城を襲撃し滝川勝雅を敗走させます。

　天正7年（1579）、腹を立てた信雄は独断で伊賀侵略を計画します。伊賀惣国一

一揆衆のまとめ役である十一人評定衆は、百田藤兵衛と福喜多将監をリーダーとしてこれに備えます。信雄の軍勢は三隊に分かれ、一隊は信雄自ら八千騎を阿波口より、一隊は柘植三郎左衛門が千五百騎で鬼瘤峠より、残る一隊は長野左京太夫が率いる千三百騎で伊勢地口より伊賀に侵入します。しかし、伊賀衆に撃破されます。しかも、重臣の柘植三郎左衛門が討ち死にします。この戦いを第一次天正伊賀の乱と呼びます。

無量寿福寺

この戦いで、忍者としては神戸の小南が活躍したと考えられます。『萬川集海』に登場する忍術名人の一人です。『信長公記』に、「今度伊賀境に於いて、越度取り候旨、あまつさえ三郎左衛門を始め討死の儀、言語道断曲事の次第に候」とあります。信長は、伊賀と伊勢の国境での戦いで信雄の落ち度を責め、このことだけでも並大抵ではないのに、三郎左衛

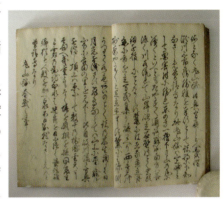

『伊乱記』（野村安岡氏蔵）

門が討死するとは、言語道断のけしからぬ事だと、信雄を伊勢の松ヶ島城に蟄居させます。古今無双の名将信長を怒らせるほど、伊賀惣国一揆衆の活躍は素晴らしかったのです。

・第二次天正伊賀の乱

天正９年（1581）、織田軍は伊勢地口から信雄・信澄ら一万騎、柘植口から丹羽長秀・滝川一益ら一万二千騎、玉滝口から蒲生氏郷・脇坂安治ら七千騎、笠間口から筒井順慶ら三千七百騎、初瀬口より浅井長政ら七千騎、多羅尾から多羅尾弘光、堀秀政ら二千三百騎、合計四万二千騎の大軍で再び伊賀を攻めます。『多聞院日記』には一万余とあるので『伊乱記』は４倍に誇張されています。『多聞院日記』に、この戦は９月３日より二週間で終結、『伊乱記』は一ヶ月を要したとあります。

史料について考えてみたいと思います。『多門院日記』の方が史料的には信用できるでしょう。しかし、伊賀出身の菊岡如幻が記した『伊乱記』は、当時の伝聞などを集めた記録として価値のある史料です。最後の戦いは柏原城でした。残存勢力が城に集結しますが、圧倒的な戦力差があり、織田勢による最初の攻撃でほぼ壊滅的になり

降伏します。奈良能楽師・大蔵五郎次の仲介で、城を筒井順慶に明け渡したとあります。現在、柏原城跡近くにある勝手神社前に「天正伊賀の乱400年記念の碑」が佇んでいます。

　ある伊賀者子孫の由緒書に、三度信長公と戦い、二度は勝ったと誇らしげに書かれているのを見たことがあります。また、ある古老に伊賀に伝わる話を聞く機会がありました。伊賀者は敵を深田にたくみに誘い込み、動けない状態にしてそこを攻めたり、旗を一人で3つ掲げ、敵に大勢の人数だと錯覚させたり、夜討ちといったゲリラ的戦術で信雄勢を敗走させたといいます。伊賀に伝わるこうした戦術は、鎌倉時代より東大寺に反抗してきた、「黒田の悪党」以来の伝統的な戦術でした。乱以降、伊賀者は全国に散らばることになります。

## 7. 家康と伊賀越え

・プロローグ

　「神君伊賀越え」は徳川家康の大坂堺から三河岡崎までの逃避行をいいます。しかし、甲賀も越えたので「神君甲賀伊賀越え」ともいえます。伊賀越えという名称が有名なのは、『徳川実紀』に伊賀越えが「艱難第一」とあるからです。ここでは逃避行の行程や時間など当時の動きを考察します。特に大阪府枚方市から木津川を越え三重県伊賀市までの行程は、筆者の通勤ルートにあたりコースを熟知しています。

　家康一行を手助けした服部半蔵正成をはじめ、記録には残っていませんが、配下の忍者たちが伊賀越えを成功させるため情報収集や偽情報を発信し、落ち武者狩りから家康を守ったと考えられます。

堺〜岡崎の行程

天正10年（1582）6月1日、織田信長は本能寺（京都）にいました。2日未明、信長家臣の明智光秀が「敵は本能寺にあり」と主君信長を自刃に追い込みます。下克上です。『大日本史料』には、75に及ぶ伊賀越えに関する史料が収載されています。この中の『石川忠総留書』（以下『留書』）が最適な史料といえるでしょう。同行者の氏名と伊賀越えの行程が詳しく記され、他の史料と比べ圧倒的に充実しています。しかも、石川忠総は家康一行の同行者であった大久保新十郎の息子であり、同行者には他にも近親の者が3名がいました。『留書』は身内から詳細な情報を得て記されており、信頼性が高いわけです。『留書』を根本史料として、『徳川実紀』や『伊賀旧考』などの史料から、家康一行の足取りを追っていきます。

・第1日目

　『留書』には、家康一行は35名とあります。本能寺の変の際、家康は堺の妙国寺に滞在していたと伝わります。この寺は大蘇鉄が見事で、信長が安土城にこの蘇鉄を持ち帰ったところ、夜な夜な堺に帰りたいと唸っていたので、気味が悪くなり元に戻したという言い伝えがあります。この寺を未明に出発します。本能寺の謀反の情報が、家康の耳に届いていたと考えられるでしょう。

　『留書』に「堺、平野、阿倍、山のねきほたに、尊念（延）寺、草地、宇治田原、行程　十三里」と記されています。平野、阿部は大阪市の地名です。ほたには穂谷、尊延寺は大阪府枚方市にあります。枚方市の西、交野市にも家康がひそんだ竹薮の伝承があります。草地は京都府京田辺市（草内）、宇治田原は京都府宇治田原市です。『徳川実紀』には茶屋四郎次郎が家康の逃走資金を京都から持ってきて、飯盛山（大阪府四條畷市）の麓で手渡したとあります。しかし、携帯電話がない当時、どのようにして手渡すことができたのでしょうか。当然、忍者が動いていたと考えていいでしょう。十三里は約52キロ。少数とはいえ35名が堺から逃走するわけです。道も今と違い整備されていません。女性もいました。馬で移動したとして、早朝に出発しても木津川にたどり着くのは夕方でしょう。そして、草地の渡しから舟で何往復かしたでしょう。他の史料には、家康

妙国寺の蘇鉄（大阪府堺市堺区）
撮影：高田勝也氏

「家康ひそみの藪」の石碑
（大阪府交野市私市）

四天王の本田忠勝が槍で追っ手が来ないように舟を叩き割ったとあります。初日の宿泊地は山口城でした。

・第2日目

　家康と同じく信長から招かれていた武田家武将の穴山梅雪も堺を出発しますが、家康と違い優秀な部下と金銭が乏しかったので、落ち武者狩りに遭い木津川を渡ることができませんでした。一説に

山口城跡説明板（京都府宇治田原市郷之口）

は家康が梅雪を自分の身代わりにしたともいわれます。真偽のほどはわかりませんが、木津川のほとり飯岡（京都府京田辺市）に梅雪の墓碑があります。

　信長の部下・長谷川秀一が多羅尾光俊息子の居城、山口城（宇治田原市郷之口）に案内します。『留書』の行程に、「宇治田原、山田、朝宮、小川」とあります。山口城から二泊目の小川城（甲賀市信楽町）まで移動距離は、多めに見積もっても20キロです。前日の早朝からの生死にかかわる逃避行で疲労困憊であったことや、山口城に遅い時間に到着したためだとも考えられますが、問題になるのは、移動距離が初日に比べて30キロも短いという点です。一刻も早く岡崎城に戻りたい家康が、小川城で宿泊せざるをえなかった理由は何でしょうか。信楽の次が伊賀だったからです。前年天正9年（1581）の天正伊賀の乱で、信長勢は伊賀に住む多くの者を殺戮しました。家康は信長と同盟関係だったので、伊賀者は家康に対しても恨みを持っていたと考えられます。また、明智光秀も家康の足取りを追っていました。そういう状況であったので、家康にとり伊賀越えは非常に厳しいものでした。小川城で入念な作戦会議が必要だったのでしょう。

・第3日目

　いよいよ伊賀越えです。伊賀越えを成功させるために考えられた作戦の一つが囮作戦です。信楽多羅尾に十王地蔵の言い伝えがあります。御斎峠（伊賀市西山・甲賀市多羅尾）の路傍に南北朝期の石仏十王地蔵がありました。今は浄顕寺に9

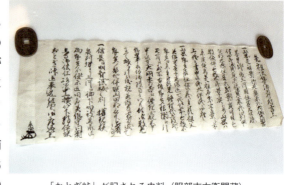

「おとぎ峠」が記される史料（服部吉右衛門蔵）

体の地蔵が残されています。1体を籠に載せて家康の身代わりにしたというのです。しかし、御斎峠越えはどう考えても遠回りで、わざわざ危険な伊賀の中心に南下するのは無謀です。桜峠越えで丸柱からまっすぐ東の柘植に向かったと考えるのが自然です。事実、『留書』に、「小川半リ、向山一リ、丸柱一リ、石川半リ、河合一リ半、柘植二リ、（後略）」とあります。向山は神山（甲賀市信楽町）のことで桜峠手前の集落です。地元では「こやま」と発音します。地元では、桜峠越から丸柱に抜ける道は山賊の巣であったと伝わります。菊岡如幻が著した『伊賀旧考』の「家康公伊賀路越御通」という項には、河内堺より、南山城の普賢寺谷、草治ノ渡、宇治田原、朝宮、小川、近江領江田神山、伊賀領丸柱村、音羽、波敷野村、河合、御代村、下柘植、勢州加太、白子大濱、岡崎城、と行程が記されています。

興味深い記述に、「明智が家康を討てば賞禄有りという風説」というものや、丸柱村の有力者・宮田氏に、家康は柘植で「山川」という名馬を恩賞として与えたとあります。その後、下柘植村侍の米地に加太まで送らせました。家康は宮田氏の息子を人質代わりにして柘植まで送らせたという史料もあります。家康自身が今川義元の元で人質として忍従の日々を過ごしたので、人質の効力を熟知していたのでしょう。

十王地蔵（浄顕寺）

家康公伊賀路越御通
（『伊賀旧考』伊賀市上野図書館蔵）

・エピローグ

伊賀越えが成功した要因をまとめます。地元の有力者にリレー式に案内をさせ、必

ず人質を取ります。案内が終われば恩賞を与えます。「石橋を叩いて渡る」という家康の性格が史料を通しても垣間見えます。服部半蔵正成の父が伊賀出身ということで、御斎峠で家康を護衛する人寄せの狼煙をあげ、徳永寺に伊賀者・甲賀者が集まるように指示したと伝わります。また、丸柱には「忍薮」という地名が残り、家康が腰をかけた大岩の伝承もあります。他にも徳永寺近くにある大きな椎の木に忍者を登らせ見張りをさせた言い伝えもあります。言い伝えは、場合によっては記述した文字より信憑性があるといえます。柘植より加太に向かいますが、恨みを持った伊賀の地侍が家康一行を襲ったと記される史料もあります。正成配下の伊賀者が家康を守ったのでしょう。家康は伊勢の白子から船で移動し、無事に岡崎城に着きます。江戸幕府に「伊賀者」として200人が雇われたという事実が、伊賀者が活躍した証拠と考えていいでしょう。

　江戸時代になると、忍術は有事の際の必要な武術という位置づけになります。山鹿素行が著者『武教全書』という兵法書で、忍術について記述しています。素行は江戸前期の軍学者として林羅山に学びました。その後、武士たる者の勤めを説いています。具体的には戦になれば情報戦として忍者は必要不可欠な者です。『武教全書』の中の陣形の図の中に「忍者」が記されています。幕末志士の吉田松陰は山鹿流軍学を継いで長州藩兵学師範となっています。

徳川家康像
（岡崎城・愛知県岡崎市）

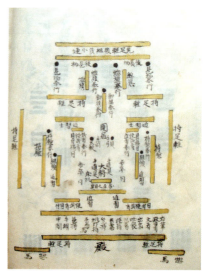

『武教全書』山鹿素行（酒井裕太氏蔵）

# 忍術書を読んでみませんか？
――極限状態で生き抜いた忍者たちの生きる術――

中島篤巳

# 忍術伝書の双璧
# 『萬川集海』と『正忍記』

**はじめに**

　忍術の伝書は、本来は忍者が忍術を忘れないために記録した「覚書き」または「手控え」というノートです。本人にはとって大切な秘密の書き物です。この覚書きが人の手に渡れば「(秘)伝書」となり、現在に伝わっている伝書や他の古文書のお陰で忍者と忍術の一部が明らかになったというわけです。忍術伝書といえば『萬川集海』と『正忍記』がその双璧です。『萬川集海』と『正忍記』をくらべてみますと、記述の多さと具体的解説に関しては『萬川集海』に軍配があがり、格調の高さと内容の深さでは『正忍記』の方が上位にあるように思われます。いつの日か両方を読んで本当の忍者の姿を理解されれば最高ですね。

　忍術を知って遊び心で生活すれば、厳しい人生も余裕で過ごせるはずです。江戸時代以前の"本物"の忍者の人生は厳しいものでした。忍術は極限状態で生き抜いた薄幸の忍者たちが生きる術であり、さらに深めれば忍術は「総合生活術」であるということを忍術伝書が教えてくれます。現代では忍術という"遊び心"そのものに価値があり、人生に余裕が生まれます。"面白くない人生"と思ったときには忍術でドロンして、人生を遊び心で見つめてみる。すると物に見方や考え方が変わり、うつ気分から解放されるはずです。

　皆さんも忍術伝書を読んで見ませんか。本書が忍術の入り口です。ただし本物の伝書は表現が単純ですので文面だけではなく、行間を読み込む努力が非常に大切です。伝書を読み、古武術を少し学び、自然の中で遊び、それに大道芸や自分の特技を生かせば皆さんは楽しい忍者というわけです。大人も世界の各地でそれを密かに楽しんでいます。『真田幸村』(立川文庫)に端を発する明治以後の創作忍術は『猿飛佐助』(同)で盛り上がり、今では映画やドラマ、そして書籍などで利益をあげる素晴らしい経済資源になっているという事を知っておきましょう。

## 1.『萬川集海』って何だ？

　「まんせんしゅうかい」または「ばんせんしゅうかい」と読みます。忍者の家には各家独自の忍術(家一流)があり、そのほとんどが口伝だったと思われます。すなわ

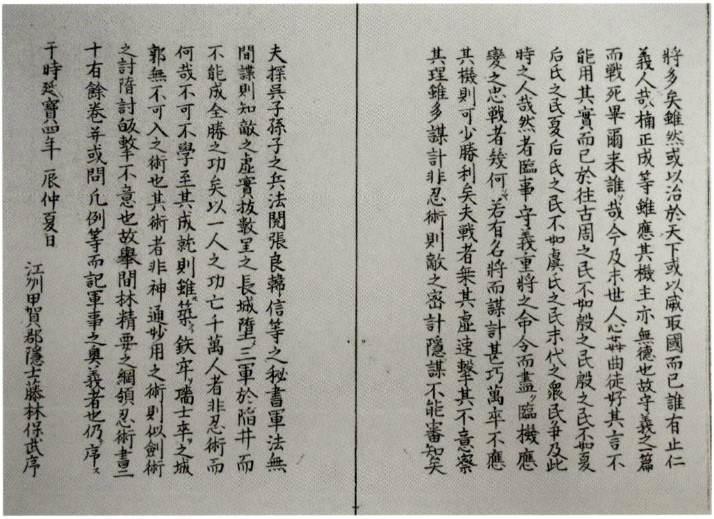

夫探呉子孫子之兵法閲張良韓信等之秘書軍法無
間諜則知敵之虚實故敷呈之長城墜三軍於陷井而
不能成全勝之功矣以一人之功亡七十萬人者非忍術而
何哉不可不學至其成就則雖築、鉄牛、瑞士牛之城
郭無不可之術者非神通妙用之術則似劍術
之計備討故斃十不意也故舉聞林精要之綱頷忍術書三
十有餘巻并或問凡例筆而記軍事之奥義者也仍序
于時延寶四年　辰仲夏日
江州甲賀郡隠士藤林保武序

将多矢雖然或以治於天下或以威取國而已誰乎止仁
義人哉楠正成等雖應其機主亦無德也故乎義之篇
而戰死早爾來誰哉今及未世人心莽曲徒好其言不
能用其實而已於往古周之民不如殷之民殷之民不如夏
后氏之民夏后氏之民不如虞氏氏之未代之猻氏羊及此
時之人哉忠者臨事守義軍将之命之而盡處臨機應
變之忠戰者幾何　若有名将耳謀計之乎而萬率不應
其機則可少勝利矣夫戰者柴其虚遠擊其不意變
其理雖多謀計非忍術則敵之密計隠謀不能審賀矣

【図1】『萬川集海』序文の藤林保武（保義）（国立公文書館蔵）

ち伝書として残る事はまれということです。この『萬川集海』は「万の川の流れを集めた大海」という意味で命名された“伊賀と甲賀49家”の忍術をまとめた書です。

　以下は少し固い文面ですがお付き合いください。『萬川集海』序文の末尾に「于時延宝四年辰仲夏日　江州甲賀郡隠士藤林保武序」とあります。すなわち延宝4年（1676）に、滋賀県甲賀郡でひっそりと暮らしている藤林佐武次保武（保義）という忍者の頭領が『萬川集海』の序文を書いたということです【図1】。では本文を書いたのは誰だろうかという疑問が生まれてきます。本文を注意して読みますと、「余（私）」という文字が頻繁に出てきます。すなわち編者は「余」すなわち藤林保義と思われる点が多く、従って全文を藤林保義が書き上げた可能性が高いと思われます。さらに「江州甲賀郡（に住んでいる）隠士」とありますので、保義は延宝4年頃は甲賀郡に居た可能性が高いようです。

　藤林氏は百地氏と並立する伊賀名門忍家です。甲賀の名門五十三家に藤林姓は見られません。保義の先祖と考えられている藤林長門守の供養塔墓が三重県の旧・伊賀国阿拝郡鞆田郷 東湯舟の正覚寺にあることから、保義は伊賀の人と考えられています。織田信長による天正9年（1581）9月3日から11日までの伊賀攻撃すなわち第二次天正伊賀の乱で伊賀は焦土と化し、忍家は尽く根絶やしにされました。藤林は紀州和歌山に落ち延び、徳川開幕で藤堂高虎が伊賀上野城主となってから藤林は湯舟の生家に戻ってきたといわれています。北伊賀最大の郷士だった藤林保義ですが、江戸時代には伊賀より便利で情報豊かな東海道の城下町・水口を意識して、少なくとも一時は甲賀に住み、そのときに『萬川集海』を編纂したと思われます。

## 2. 伊賀と甲賀は仲良しだった

　伊賀国と近江国甲賀郷との国境線は老年期山岳の低くて広い尾根上にあり、いわば国境は線ではなく"面"です。もともとこの付近の住民は誰憚ることなく簡単に往来し、ときには両国の人たちが広い国境で野寄合も繰返しながら生活をしていました。その親近感は「甲伊一国」と呼ばれる程になりました。

　忍者も同じで、ついには忍術伝書を一緒に書く程になりました。その証拠に、『忍一流』という伝書には伊賀と甲賀忍者が共同執筆した旨が最後に書かれています。さらに発展した物こそ忍者の就職活動で徳川将軍にも献上したといわれる『萬川集海』です。収集49流の内わけは、甲賀流が4家で、残り45流が伊賀流です。この分布からしても、保義は『萬川集海』編纂という大事業を成功させるには、数が多い伊賀人であるより少ない甲賀人であるとする方がまとめ易かったことでしょう。

　『萬川集海』の写本が15種以上ありますが、国立公文書館所蔵本が一番有名です。ただし肝心の原本が不明なのは残念です。またいつの日にか、皆さんが『萬川集海』を、これは先人にならって和紙に毛筆が理想ですが、鉛筆やボールペンで写本すれば、それは"本物"の『萬川集海』の写本であり、日本に一つ写本が増えた事になります。頑張ってトライしてください。国立公文書館蔵の『萬川集海』の構成は忍術部門22巻（10帖）と『萬川集海・軍用秘記』（1帖）の全11帖からなる大書で、写すのは大変です。写本の宿命で内容に多少の違いがありますが、本筋は同じです。明治以後も写本されたでしょうが、伊賀・甲賀の忍家では党首が書写して残す風習が幕末まで続いていたといわれており、特に長い文章の写本では筆者の意向によって加筆や修正、削除が行われてしまいます。

## 3. 『萬川集海』には何が書かれているの？

　構成は次のようになっています。藤林保義が書いた「序文」、編集方針である「凡例」、次いで「目録」、そして忍術の価値や意義を説明する「忍術問答」、忍者の行為は泥棒と大差がないのでやむを得ず必要となった「正心」、そして忍者に必要な知識や術技を整理した「将知」、姿を隠す事無く堂々と仕掛ける「陽忍」、密かに行動する「陰忍」、天候など自然の森羅万象を予測する「天時」、忍びの道具である「登器」「水器」、扉を開ける「開器」、そして忍者の醍醐味である「火器」が第21巻目として10冊目に書かれており、「大尾」すなわち「終り」と記されています。すなわち10冊目では忍術伝書です。11冊目の『軍用秘記』は『萬川集海』ではありますが、忍術伝書ではなく兵法書です。『萬川集海』の本文に、「忍術を学ぶ者は兵法を知ることが肝要である」と書かれていますので、『軍用秘記』は『萬川集海』の補足書と思われます。

## 4. 忍術は成長し続けた

忍者は中世芸能や修験道その他の職業から、あらゆる技術を学んできました。例えば修験から学んだと思われる技術として、連絡網、法螺貝通信、明松法、山川跋渉術、呪術、精神統一法、薬法、山伏行、地形解読、夜間行動、径路発見、水や食の確保などがあります【図2】。ほんの一端を見るだけで忍術は素晴らしい技術だなと思いますね。「しのび」には

【図2】「伊賀の陣貝」法螺貝で信号を送る（筆者蔵）

「竊盗」の字があてられるように泥棒盗賊術と潜入術が中心でしたが、次第に薬方、信仰と呪術、信号、火術、平地や山地での昼夜行動術、観展望気、食法その他諸々の生きる術が加えられて充実した技術になりました。

なかでも火術は忍者の華です。特に大国火矢は有名で、火薬の量で飛距離を決めています。たとえば二町（約200m）飛ばすには硝石十三匁、鉄四分、硫黄三匁五分、灰七匁五分のように一町から七町までの火薬の量が記されています。テレビ局の取材を受けて説明し、ＴＶ局が実験した結果は飛距離が伝書に近かったと知らされて伝書の凄さに驚きました。

## 5. 他書から引用して膨らんだ

『萬川集海』が書かれた1676年頃は平和な時代です。藤林保義は中国の文書、例えば明国の茅元儀（止生）著の『武備志』（寛文4年・1664に和刻）や小笠原昨雲の『軍法侍用集』（1653～1664）など他流の兵法書などを引用して伝書の中味を膨らませてゆきました。例えば埋火という地雷は箱の中に火薬と小石を入れて

【図3】『軍法侍用集』（筆者蔵）

火縄をさし、火縄は割竹の下に置いて軽く土をかけて埋めておき、箱を踏むと竹が割れて火薬に火が付いて爆発する仕掛けです。『萬川集海』の埋火の記載は『軍法侍用集』

2 忍術書を読んでみませんか？

と同じだから同書から盗用したものと考えられます【図3】。

何はともあれ、多方面から技術を吸収して大著となった『萬川集海』です。厳しい環境を生きる術である故に「総合生活術」の本なのです。

## 6.『正忍記』って何？

『正忍記』は延宝９年（1681）に紀州藩士藤一水子正武が序、初巻、中巻、下巻の計四巻を格調高くまとめた忍術伝書です。これは紀州流とか新楠流忍術伝書などと呼ばれており、『萬川集海』とは一線を画した内容です。但し別の写本には、末尾に「以上は楠流軍学秘書から盗み写した」とあり、書写した人

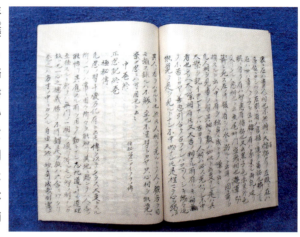

【図４】『正忍記』（筆者蔵）

は稲葉丹後守道久という人物です。したがって『正忍記』は「楠流軍学の忍術の部である」と考えるべきでしょう【図４】。

非常に面白いところは、『正忍記』には「敵の忍者が自分の所に来たら自国の秘密を教えてやれ。自分が行けばその逆である。これは子々孫々に伝えて忍術の奇特を勤めさせよ」とあり、さらに「仲間の証拠たる松明法を示されたら、初対面でもその忍者を疑ってはならない」と記している。忍者には子々孫々までも仲間であり続けるための秘密の松明法があったようです。忍者は主君よりも忍者仲間を大切にして成果をあげるところがままあったようです。ところが賢い雇い主はその事を知っていたので、忍者には肝心なところは決して教えませんでした。

## 7. 日本忍術の特徴

『正忍記』で特筆すべきは、「禅」の要素が取り入れられており、これが一番重要な点です。例えば「極秘伝」序に禅の「無門関」が説かれています。「忍術は千変万化する。常に国々の事を知っておき、その国の人の気持で行動すれば成功する。心智を傾けて道理至極の自然体で対応すれば、相手は油断して警戒心という無門関を開く」。また「書は言を尽くさず、言、人を尽くさねば、能く察すべし」と禅の不立文字もあり、「完成された人の境地は文字では語りきれない純粋経験である」といって『正忍記』の序

文が終わります。

このように『正忍記』は禅の思想を取り入れて日本独特の忍術を完成させており、非常に格調高く仕上がっています。『正忍記』の忍者は、成功した瞬間にその成功を忘れることにしていました。これは成功の瞬間に隙が生じるからです。このように現代に通用する内容がとても多く、素晴らしい伝書です。

### 8. 内容の各論的な部分

もちろん、実務的な記載も盛りだくさんです。例えば、正確な記録が大切だから「石筆（せきひつ）」が忍び六具の一品にあり、他も利用価値が高くかさばらない「編笠（あみがさ）、鉤縄（かぎなわ）、薬（腹薬）、三尺手拭（さんじゃくてぬぐい）、付竹（つけたけ）（硫黄を塗って火付がよい竹）」が忍者の必需品となっています【図5】。三尺手拭は顔を隠す、ぶら下がる、結ぶなどの他に制菌作用がある蘇芳染（すおう）だから水を濾（こ）して飲むなどにも便利でした。

【図5】携帯用の小さな鉤縄（下）（筆者蔵）

また力量を発揮するには精神の安定が重要です。「方角や日時の吉凶」「護身の呪法」などで縁起を担ぎ、機が到来すれば「思案のし過ぎは憶病」として一気に決着をつける。五感も研ぎ澄まします。「障子の向こうは目では見えないが、耳で聞ける（見える）」といって日々聞える音も注意深く聞いて、それが何であるかを区別できるようにします。敵に足音を聞かせて身障者や動物などと勘違いさせる「沓替えの習い」などもあります。

山道では迷いやすい。その時は里人が通った痕跡をさがす。例えば草鞋（わらじ）や牛馬の沓（くつ）や糞、土が踏み固められているかどうか、草木の傷、鳥獣が人をひどく恐れるようなら里が近い、草木の刈口が段々なら人が来ているなどの違いをしっかり見極めて道をたどる。山の日暮は早いので、迷って時間を失うのは怖い。ならば半丁博打（ばくち）でさっさと決める。忍者は獣道（けものみち）も覚えておき、逃げるときには時としてこれを利用する。獣道は土も柔らかく、突然の急登や草藪で歩けなくなる。間違ったら引き返す時間も確保しなければならない。夜道は地面から空を透かして見ればよく、人が通る道ならなめてみると塩辛い、とある。当時の夜道は真暗だが牛馬の糞は多く、確かに塩辛いはずです。五感六感を働かせて難局を乗り切るのが忍者です。

「二人忍びの事」「三人忍びの事」というのがあります。"二人でも三人でも一番上

手は同行のレベルの低い忍者に足を引っ張られますので、一人忍びが一番良い"と
いっています。しかし、「三人も忍びが揃っていたら、やり方によっては何でも出来
る。ただし合言葉、相印をしっかり決めて行動しなければならない」ともいっていま
す。但し、三人とも一人前の忍者であることが必要です。同様に『義盛百首』という
忍歌には、「忍びには二人行くこそ大事なれ、一人忍びに良き事はなし」とあります。
二人以上なら精神的に心強いし、忍具の分担や陽術で誘って陰術で仕掛けるなど仕事
の分担もできるし、見張りや塀の乗り越えでも助け合う事もできます。

　心の隙を突く事。それは忍術の基本です。「城や陣に忍び込む時は、絶対に味方と
松明や狼煙の相図で失敗は許されない。雑兵が城外で作業している時、陣張りの時、
戦闘で疲労して帰陣する時などに紛れ込んで一緒に陣に入る。大雨は潜入の好機であ
る。時刻は午後九時から午前一時の間か、午前三時から午前五時の間がよい。この時
刻は隙がある時刻で、しかも起きている非番も居り、忍者がうろついても怪しまれな
い。武士は非常に恐ろしいので、潜入しても武士の中にまぎれ込んではならない。陣
中に入ると早く敵の合言葉を盗み聞き、居場所もこまめに替えながら見つからないよ
うに努めなければならない。城では、まず退路の確保が重要である。屋敷なら主人の
善意（隙）に付け込んで入る。例えば屋敷近くで仮病をつかって手当を受け、一旦引
きさがって後日にお礼の品を持って再度訪問し、そこの子供を褒め称えて心を開かせ
る。懇意になれば言葉巧みに秘密を聞き出す」などとあります。


## おわりに

　最後に忍術伝書にある主なキーワードをあげておきます。

| | | |
|---|---|---|
| ①臨機応変 | ②普段の観察 | ③徹底した詐欺 |
| ④身分秘匿 | ⑤逃げて攻撃 | ⑥隙の分析 |
| ⑦凡夫で必勝 | ⑧雑学と専門技術 | ⑨奇武器は持たず |
| ⑩一具多用 | ⑪変装 | ⑫往路と退路の確保 |
| ⑬臆せず速攻 | ⑭行動時は無我無欲 | ⑮必死生還 |
| ⑯味方を知る | ⑰違いを知る | ⑱忍者は石に成る |
| ⑲日々鍛錬 | ⑳学問を忍術へ | |

　他にもたくさんありますが、とりあえず以上のキーワードを自分なりに解釈してく
ださい。そして忍者を「極限状態」「総合生活術」「忍者の歴史民俗学」という観点に
立って一緒に調べてみましょう。

# 3

## 忍術の心得を知ろう！

──戦わずして相手を制し共存する術──

川上仁一

# 忍術伝承者が語る「忍びのこころ」

## はじめに

　忍術は日本固有の風土や心性の中で培われた文化の一つであり、その根幹は、戦いを避け自然や人々が共存していくための総合生存技術ともいえるものです。忍術を敵と戦うための術技の一種（狭い意味での武術、格闘術、暗殺術）として理解されている方々が多いですが、まったく誤った認識です。

　忍術は江戸時代に大成されたものですが、それまでの長い戦乱を含む生活全般の中で育まれた、人としての精神性を大切にし、人々が安寧に生きるための知識や技能を集積した、自存自衛の術技なのです。決して戦いを目的として編まれたものではありません。

『甲賀伊賀軍法間林精要』（筆者蔵）

## 1. 忍術と忍びの心

　相手方に密かに侵入し、様子を探って味方に報告したり、謀略をめぐらし、時には奇襲などの直接的行動で撹乱し、混乱に陥れ弱体化させるなどの古典的な軍事手段が忍術です。小さくは自己や家族・地域、大きくは天下国家を護るという、平和維持を目的に常に情報収集しながら、変化に対しては迅速、果敢、効果的に対応するための技能でもあります。相手に見付からないように、忍んで事をなす術技より「忍術」「忍術」と名付けられたものですが、この名称にも日本的な深い意味があります。

水中隠れ

　古来より「忍術の忍は堪忍の忍」と教えられ、あらゆることに耐え忍ぶ術とされ、「忍」は「しのぶ」だけでなく、すべての苦難を乗り越える「しのぐ」の域に達することを肝要とします。「忍」の字は心の上に刃が乗っている象形です。この字体が表わすよ

うに、押しも引きもできない絶対の不動心、鉄壁の心が忍者の心であり忍術の真髄なのです。密かに潜入し、情報、生命などの色んなものを得るのが忍術ですから、誤って使用すると盗賊などと同じになってしまいます。従って、自己の欲望のためでなく、大義を中心に置いた忍者の倫理である「正心」という心構えが大切にされるのです。「正心」は、仁・義・忠・信を守り、決して私利私欲に用いず、生死を離れて術技を駆使する忍者としての心を意味します。

## 2. 忍術と和の精神

日の丸のような赤い円の中に「忍」の字を書き、忍び（忍の者や忍術）の根本を表わしますが、これには深い意味合いがあります。赤丸は当然に太陽を表わしますが、それだけでなく、生まれたばかりの赤ん坊の純真無垢な心根でもありま

『秘伝書』より「忍之大事」（筆者蔵）

す。常には暖かく注ぎ、時には激烈で清浄な陽の恵みに畏敬感謝し、角の無い丸く温和な心の中に忍の精神を据えて、忍術のもっとも大切なことを示しているのです。

丸は平和の象徴だけでなく、輪（＝リング）と同じ音である「和」を意味します。「和」は平和や調和、交じり合いなどを意味し、忍耐の心で人々と自然の和が集合しながら、円より球にと多角的にすべてを和合していく忍び本来の姿を表現しています。日本は古来より「和の国」とされ、忍びもまた典型的な和の文化の一つといえます。

## 3. 誤解された忍術

映画やアニメ、小説の類の影響でしょうが、忍術を単なるスパイの技術や、戦闘員としての特殊な武術と誤解されていることが多いですが、これは狭い見解です。スパイは古くは間諜や間者などとして記録にも残されており、古今東西いずれの国にも存在していたものです。今現在も多くの国々のスパイが各地で活動し

隠形遁身

ていますが、忍者とはいわないし、忍術を使っているとも表現しません。間諜は中国兵法などに載る古典的なスパイですが、為政者の支配手段より編まれた兵法の中で、情報収集を主とする役割の者であり忍者の根源とは異なっています。各国の特殊部隊などにも、任務遂行のための術技は類似した部分がありますが忍術とはいいません。

忍術は和を形成するための手段として、スパイ（間諜）や戦闘員の技術を包含した

古典的な軍用技術を主とし、伊賀や甲賀などの人々の、日常生活の中で培われた総合生存技術なのです。忍術は身を護り闘うという狭義の武術というより、兵法の分野に属する術技といえます。江戸期の史料では武芸の中に、隠形術として忍術を入れている場合がありますが、武術は直接に相手と戦うための技術ですから忍術とは異なります。武術の流儀によっては、外の物などとして忍術の心得をふくむ場合や、近世成立の兵法には忍術を包含している流儀も存在しますが、断片的であり忍術として大成されたものではありません。また印を結んで呪を唱え験を得るとするなどの、中世の呪術的な日本独特の兵法の内容は忍術の中に多く取り込まれています。

## 4. 発生の根源

日本で忍術が起こった要因はさまざまな論がありますが、日本独自の風土や心性が大きな基層となっていると考えられます。周囲を海で閉ざした島国で山岳地帯が大半を占め、外敵の侵入も少ない狭い閉鎖地形と社会の中で、有史以来さまざまな人々が文化と共に渡来し、融合同化しながら国を形成したとされます。

原始の狩猟採集より、四季に根差した

『秘伝書』より「忍之秘伝」（筆者蔵）

稲作を中心とした農耕定住の生活に移行すると、個人の集合した地域共同体としての村社会を形成します。これは血縁や地縁を中心としており、平和で安定した社会を求め、人々は個人の主張より集団の和を重んじた生活を行うことが常態化していきます。

こうした長い年月の生活が習慣化し、多様な人々や自然との交わりの中で、欲望や感情、自己主張を抑制し、忍耐の心で常に相手の心中を測りながら発言し行動するという、私たち日本人の特質が養われていったと考えられます。明確で繊細な四季を有し、変化の激しく自然の災害も多い国土の特異性からも、四方八方に目配せて思考を廻らし、臨機応変に対処するという気質が備わっていったと考えられます。

常に相手の心理や弱点を計り、自他の損失を少なく、戦わずして相手を制し共存するという忍術発生の根源が、特異な日本の風土と日本人の心性にあるという所以です。「和」と「仁（慈しみ）」を旨とし、「忍耐の心」を以て行なう忍術の本源といえるでしょう。

## 5. 原理と真髄

忍術の基本原理は、武術や兵法の理合と類似の、「機を把まえて間隙を衝く」というところにあります。そのためには、天の時・地の利・人の和の三利を得ることが必要です。天の時はタイミングであり、（天候、時勢、流行、など）、地の利はポジショ

ン（地形、風土、交通、通信など）、人の和はコミュニケーション（気質、感情、思想、思考など）といえますが、まずここに留意して情報を得たり術技を施します。また相手の状況を探る場合は、味方との比較をしながら判断することも重要とされます。絶対より相対的に評価すれば、過剰反応による無理を抑制することにもなります。

人間の心理や生理作用を活用することも基本の事柄です。人間は感情の生き物ですから、七情の理という、喜・怒・哀・楽・愛・悪・欲の情や、五欲として生ずる、相手の食・色・物・風流・名誉の欲望を熟知し、自分は七情、五欲を常に抑制して策略などを駆使し相手方に侵入します。「忍びには習いの道は多けれど、まず第一は敵に近付け」と教えられますが、人間の性質を知ることは必須の事項なのです。

『萬川集海』陽忍篇（筆者蔵）

人を動かすには暗示の効果も大きく、催眠術のようなものも会得しておく必要があります。三才（天、地、人）や五大（地、水、火、風、空）として表現する大自然とも一体化し、万物を味方に、智を集合して即応変化するという柔軟な思考と行動も原理の内となります。これらを弁えて総合し、大を小に、小を大に、有るものを無きに、無きものを有ると見せるように、虚実を転換し相手を撹乱します。意識を固定せず、融通無碍の思考と行動を行なうのが忍術の基本であり奥義でもあります。

このような原理に則って、相手の情報を得たり謀略を施すのが、頭を使った忍術として陽忍（ようにん）といい、実際に相手の家屋や陣地、国に侵入したり、相手地を焼いたり殺傷するなどして撹乱する、体を使用し直接的に行なう忍術を陰忍（いんにん）とも称します。このためには、各種の薬や火薬の使用法、天文、占いなどの雑多な知識や武芸なども身に付けておく必要がありますが、忍術は決して戦うための武術を主体としたものではありません。このような陰陽の技法を複合し、知識と実践の術技を鍛錬により一体化して行なうのが忍術の真髄でもあります。

## 6. 忍術の伝承

忍術は陰謀と偽計（ぎけい）、謀略、諜報、宣伝や撹乱、侵入などといった古典的な軍用技術を大成したものですが、本来は師よりの口伝や体伝、秘伝書などによる書伝によって学び伝えられるものです。書物によっても一端は学ぶことが可能ですから、市中に出ている忍術関連書籍を閲読すれば概要は理解できるでしょう。理解するということと、修得し実践できることは別ですが、生活の色んな場でも益になることは必定です。

風に乗るの伝や、蜘蛛（くも）の伝、虎狼の習い、木の葉隠れの術などと興味をそそられる名称の術技も多くありますが、内容は摩訶不思議（まかふしぎ）の術ではなく、外部の者に知られ難

く、内では習得し易いように、合理的な教えや手法を虚実転換で名付けられたものが多いです。

術技は多岐にわたり数多くありますが、大切な心得として、甲賀・伊賀で秘伝とした、忍者と忍術の象徴としての三つの術技の深意を解説します。神・呉・漢服部の古伝承とされるものですが、初めての紹介です。

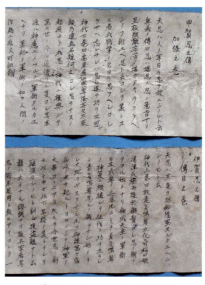

『甲賀・伊賀忍の伝書』（筆者蔵）

・鶉隠之術

相手と遭遇した時や潜む場合に行なう身を隠す方法であり、忍術の代名詞のように称される隠形の術の一つです。基本は目立たないように小さく丸く身を隠し、叩かれても突かれても微動だにせず、じっと不動で耐え忍ぶことが肝要とされます。伊賀の忍者は石になるといわれ、忍びの技や心の具現でもあります。

「身を潜み、心も忍ぶ隠れ業、如何なる場でも木石の態」

「秘する針、露に用ふ切共に、服部忍の極意なりけり」

（『甲賀奥義之伝』より、以下同）

『伴党窃盗道具之巻』（筆者蔵）

・針の秘法

針は小さいものですが、大きく強い相手を刺し貫き、制したり殺傷することが可能です。日常では衣服を縫い、ほころびを繕ったり、知識があれば病気治療にも用いることができます。人を助け己を護り、常に有用であり、日用品ですから携行していても怪しまれず、他からは見え難いものであり忍者と忍術を象徴しています。

「常に持ち、刺し縫い死活け共にする、秘すれば針の極意と知れよ」

・切の秘事

切は布のことですが、衣服を製し、物を包み隠したり、幕としても用い、切り裂いては綱にもなり用途が多端なものです。いつも目にふれていますが疑念を抱かれることはまったくありません。これも忍者と忍術の姿を表現しています。

「眼に見えて、包み隠して結う切は、露に用い益ぞ多かれ」

# 忍者の本当の姿とは？
―― こつこつと役を務めた二人の忍者 ――

渡辺俊経

# 甲賀忍者・山岡道阿弥と木村奥之助

### 1. 甲賀忍者の始まりは長享の変（鈎の陣）

　長享元年（1487）室町将軍足利義尚が近江国（現滋賀県）に進軍して守護六角高頼を攻めた長享の変では、六角氏の後方支援部隊であった甲賀武士団が六角氏を支援してゲリラ戦でよく戦いました。ついには将軍義尚が京都に帰れず鈎の陣中で死去した結果、六角氏が勝利し甲賀武士たちが一躍「甲賀の忍び」として全国に知れ渡ったという

鈎の陣所跡（栗東市永正寺）

のが、甲賀忍者の始まりであるということはよく知られた歴史の事実です。
　この時戦った甲賀武士団の主力が甲賀五十三家や甲賀二十一家といわれていますが、実は格別の個人名や指揮官名は活躍した有名人としては伝わっていません。甲賀武士団のメンバーは基本的に無名であり、お互いが対等の関係であったと考えられています。

### 2. 他国に雇われた多くの甲賀武士

　この一件から甲賀武士は（伊賀武士も）全国の大名から引っ張りだこなり、全国各地の大名らに長期短期で雇われ、各地の情報戦やゲリラ戦で活躍します。彼らがそれぞれの地で忍者仕事をする集団を立ち上げ、これが全国の忍術流派といわれるものの基礎を築きました。なにせ秘密を尊ぶ性格上正確な数は確認できませんが、現在50とも100ともいわれる全国の忍術流派の7～8割は甲賀または伊賀に起源を有すると考えられています。

### 3. 甲賀に残った甲賀忍者の活躍

　戦国時代、他国へ移住することなく、甲賀に在住したまま短期の忍者仕事に活躍した甲賀武士も多くいました。特に徳川家康と甲賀武士との関係はいわゆる鵜殿退治以

来深く長きにわたり、陰に陽に甲賀武士が家康を支援し、時には逆に家康が甲賀武士の苦境を助ける事もありました。このように甲賀忍者とは、名もなき甲賀武士が時には一人でまた時には集団で、忍者働きを行った結果実際に起こった仕事の成果のことをいうのです。

鵜殿退治の上郡城跡（愛知県蒲郡市）

### 4. 服部半蔵と山岡道阿弥

忍者話のなかで、実在した伊賀忍者として服部半蔵の名前がよく出てきます。この服部半蔵に対して、ほぼ同じ時代に甲賀忍者と共に活躍した実在の人物が山岡道阿弥です。今回はこの山岡道阿弥と江戸時代の甲賀忍者木村奥之助を取り上げて皆さんに紹介します。

### 5. 勢多(せた)城主山岡氏は甲賀出身

まず山岡道阿弥ですが、その先祖の出身地は近江国甲賀郡毛枚村(もびら)といわれています。その先祖が室町時代の後半15世紀の中頃には甲賀郡毛牧村から琵琶湖の出口である勢多（瀬田）に進出して、16世紀に入る頃には有力地侍として勢多城主になっていたようです。道阿弥は城主山岡景之(かげゆき)の四男として生ま

山岡城跡（甲賀市毛枚）

れ景友と名付けられましたが、長男景隆が勢多城主を継ぎ、次男、三男がそれぞれ膳所(ぜ)城主、石山城主になる一方、四男である景友は大津の三井寺光浄院で仏門に入り、第五代院主暹慶(せんけい)として、最後の室町将軍足利義昭に仕えていました。

### 6. 織田信長の配下へ

この頃、織田信長が岐阜や安土から京都へ上る途中、勢多で幾度も宿泊することがあって、勢多城主景隆が近江守護六角氏から離れて信長へ接近する一方、景友も還俗(げんぞく)（僧侶から一般人へ戻ること）して足利義昭から織田信長へ仕える先を変更し、山岡

家は全体として親信長路線を選択しました。そんな時本能寺の変で信長が亡くなるのですが、明智光秀から仲間になってくれるよう頼まれたのを、膳所城主や石山城主をしていた兄弟も含めて山岡一族で断り、逆に勢多の橋を焼き落して明智軍の東への進軍を食い止める働きをします。またこの時、兄弟の幾人かは信楽の小川城へ出向き、家康の岡崎帰還を支援したと

かつて焼き落された勢多唐橋

いわれています。いわゆる神君甲賀伊賀越えに直接貢献したのです。

## 7. 秀吉政権下では苦労

　反明智では一致したものの、その後山岡氏が柴田勝家側に付いたこともあって秀吉からはきつい仕打ちを受けました。勢多城主景隆のほか、山岡兄弟たちはすべて改易（領地没収され流浪させられること）させられました。このような場合、一族離散して没落していくことも多いのですが、この頃やはり秀吉から改易を命じられた甲賀武士が多くそうであったように、山岡氏も家康の庇護を受けてこの苦難の十数年を乗り切ったようです。このころ、景友は再び仏道に帰依して「道阿弥」を名乗るようになります。

## 8. 関ヶ原の役で家康につき活躍

　秀吉没後、家康と石田三成が対立して関ヶ原の役へと向かう中で道阿弥は、自身は家康に従軍して上杉征伐のため関東へ下る一方、弟（六男）の景光に家康の関西での居城伏見城に甲賀武士（忍者）たちと共に入って防戦するよう頼みます。およそ100人の甲賀者が伏見城に入り、西軍4万人に対し、城内わずかに1800人で籠城戦となります。城将鳥居元忠以下奮戦して持ちこたえますが、水口城主長束正家が籠城中の甲賀者たちの家族を捕えて城の前に曝し、返り忠（裏切り）せぬとこの家族を磔にする

山岡道阿弥像（三井寺蔵）

と脅します。家族を思う甲賀者の幾人かが裏切りに応じて城内に火を付け、これがきっかけで伏見城は落城し、鳥居元忠以下山岡景光や甲賀武士を含めほとんどの将兵が戦死しました。

　関ヶ原の役にあたっては、道阿弥は家康の指示でいち早く関東から取って返して伊勢長島城の城将として城と北伊勢地方を守る一方、配下の者を関ヶ原の小早川秀秋に遣わして家康から秀秋への西軍裏切りの誘いを伝え、確約させています。この時の小早川秀秋の裏切りが関ヶ原の役での家康側の勝利の帰趨を決めたキーポイントであったことは多くの歴史家の認めるところです。このように道阿弥は武将として働く一方で、甲賀者の流れを引く者らしい裏方の動きもしているのです。

## 9. 武将なのに甲賀忍者 110 人の頭領に

　関ヶ原の役で天下を取った家康は、戦後処理の論功行賞に際してこの道阿弥の働きを認め、伏見城で戦死した甲賀者の遺族を中心に編成した与力 10 人、同心 100 人からなる甲賀百人組の頭領に山岡道阿弥を任命します。これはその数年前に行われていた服部半蔵を伊賀二百人組の頭領にするのと類似の決定でした。類似といえば服部半蔵は岡崎（現愛知県）生まれの岡崎育ちで実は伊賀者ではなく、道阿弥も勢多生まれの勢多育ちで純粋な甲賀者ではない点、そして両者とも武将として育ち忍者の訓練を受けていない点、さらに家康に命じられて忍者たちの頭領になった点で山岡道阿弥と服部半蔵は類似点が多いといえます。

　服部半蔵に匹敵する甲賀忍者の頭領は山岡道阿弥であったこと、そして道阿弥は「槍の半蔵」と呼ばれた半蔵に負けぬ武将としての活躍をした人物であったことを知っていただきたいと思います。

## 10. 甲賀忍者の本当の姿

　しかし、この両人は実は自身は単にまとめ役であって忍者ではなく、実際に忍者働きをした無名の甲賀武士や伊賀武士がたくさんいたこと、そして彼らは道阿弥や半蔵に率いられるはるか以前から、重要な歴史の転換点や各地の知られていない局面で、個人でまた時には集団で、「忍者」としての仕事を自律的に行ってきたことを忘れてはなりません。

　甲賀では上忍も中忍も下忍もなく、有名人となった甲賀忍者はほとんどいません。伏見城の籠城戦に参戦した甲賀武士の名は、戦死した遺族として甲賀百人組に採用されるときに記録されていますが、決して有名人とはなっていないのです。無名ですがきっちりとした忍者仕事を行う、これが甲賀武士の真骨頂です。そしてその仕事の成果が「甲賀忍者」として評価されたのです。

## 11. 江戸時代の甲賀者（忍者）たち

続いて木村奥之助の話をします。江戸時代に入って世の中が安定してきますと、忍者の出番はどんどん減って甲賀でも伊賀でも忍者たちが生活に困ることになってきます。特に甲賀は、伊賀の藤堂藩のように一藩にまとまり藩の方針で元の伊賀忍者を「無足人」として士分（侍の身分）とし、禄を与えるということがありませんでした。甲賀は一藩ではなく、旗本領や多数の藩の領地に分割され、先に述べた甲賀百人組の110人以外には忍者たちが統一的に処遇されるということがなかったのです。そこで、家康は譜代の大名たちに甲賀の忍者たちを積極的に採用するように斡旋しました。この呼びかけに応じて甲賀者を採用したのが尾張藩や大垣藩（後の岸和田藩）でした。

盛時の飯道山

## 12. 江戸時代の甲賀忍者木村奥之助

尾張藩は2代藩主徳川光友の時代に、木村奥之助という甲賀忍者を忍びの頭として採用します。木村奥之助はもともと近江国甲賀郡磯尾村の「奥の坊」と名乗る里山伏の一家が飯道山の麓の杣中村に設けた別家に生まれた次男坊でした。若い頃から飯道山で修業をし、山伏として全国を歩いていましたが、名古屋清州にある修験宗の寺清寿院を拠点にして頻繁に出入りしていたようです。甲賀山伏として日常活動をしていたわけですが、川上仁一氏の研究によると奥之助は実は既に若い時甲賀で甲賀伴家一統に伝わる忍術を修得していて、そのことをセールスポイントにして尾張藩に採用されたといわれています。奥之助は表面的には軍貝役（戦場での指揮官）実は忍び役として尾張藩に採用され、そのことは藩のトップだけしか知らない『藩主名寄』という

名古屋清州の清寿院跡立札

「甲賀五人」の古文書（甲賀市教育委員会提供）

書物に「実は忍び役である」と記録されています。

## 13. 奥之助の部下甲賀五人の採用

さらに藩主の命で甲賀から5名の甲賀忍者を採用するために、奥之助は甲賀へ戻って人探しをしています。この時甲賀から採用された5人は甲賀在地で、奥之助のみが名古屋在勤という差はありましたが、共に幕末までの約200年間をそれぞれ世襲して忍者勤めをしています。

甲賀在地の一人渡辺善右衛門の子孫の家には、忍術に関する文書が多数残っており、その中には木村奥之助の名が宛名として出てくる文書（忍者の世代交代を願い出た起請文(きしょうもん)）や、奥之助から伝授されたまたは受け取ったと思われる文書（『江州甲賀郡忍之源記』や『甲賀忍之未来記』の断片）が含まれています。

世代交代の起請文（雛形）（渡辺俊経家文書）

江州甲賀郡忍之源記（渡辺俊経家文書）

## 14. 木村奥之助の甲賀流忍術書

　このように木村奥之助は配下となった甲賀忍者に自分の忍術や考えを伝えようとしています。そればかりではなく、尾張藩の武術諸流派の流れの整理と記録を命ぜられた尾張藩士近松彦之進との交流の中で、奥之助は口伝書ではありますが『甲賀忍之伝未来記』という書物を残し、近松自身も甲賀流忍術の事に触れてい

奥之助忍術伝書（部分）（渡辺俊経家文書）

ます。内容から見ると、それなりに緻密なものがあり、奥之助が理論面でも実践面でも一流の甲賀忍者であった事がわかります。江戸時代に入ってからの甲賀忍者ではありますが、真面目に忍術に取り組み、忍術を後世に残そうと努力していたことがよくわかります。

## 15. 奥之助たちの活躍の跡

　それでは、奥之助たちは尾張藩でどのような役割を担い、どんな活躍の跡を残したのでしょうか。江戸時代という平和な時代を迎えて、戦国時代のような派手な活躍の場はもはやなくなってしまい、常時は地味な探索などを行いながら、緊急時に備えて訓練は続けるといった日常ではなかったかと考えられています。万一事件が発生したとしても、忍者が出動したかどうか、その結果がどうであったのかといったことはすべて藩の秘密事項として公式には記録されることはありませんでした。そんな中で唯一記録に残るのが、大和郡山城への忍び込み探索です。ある時、郡山城の城主が領地替えになり城から退出しなければならなくなったのですが、その城主が城にこもって抵抗するらしいといううわさが江戸幕府に届きました。

　そこで幕府は、尾張徳川家にその実態を探り報告するように指示を出しました。尾張藩でのこの役目は当然木村奥之助と五人の甲賀者に割り当てられ、彼らは実際に大和郡山城に忍び込み、城の内部の情勢を調査し、不穏な動きは認められないと報告を出しました。実際に何も起こらず、無事城の引き渡しが終了し、甲賀者たちも役割を果たすことができました。

　『萬川集海』などの忍術秘書や虚像のスーパー忍者にとかく世間の目が行きがちですが、実はコツコツと忍びの役を務めた人たちによって、現在の忍者・忍術が伝えられてきたという現実を今一度認識し直していただければ幸いです。

忍者研究余滴
――忍者・忍術研究の現場から――

山田雄司
吉丸雄哉

# 古文書にみる忍者

●山田雄司

**はじめに**

　現在、「忍者」は "Ninja" として世界に名が広まっていますが、「忍者」という言葉が定着するようになったのは第二次世界大戦後で、それ以前は、「忍びの者」とか「忍術使い」と呼ばれていました。江戸時代には「忍者」という漢字はありましたが、「しのびのもの」と読んでいたようです。さらにその前の時代は、一般に「しのび」と呼んでいました。

　現在のところ、「忍び」に関する最も古い記述は、『太平記』巻第二十「八幡宮炎上の事」のようです。忍術書では、「忍び」の起源を聖徳太子のときに求めているものもありますが、史実としては確認することができません。『太平記』では、足利軍が男山の城を攻め落とすことができずにいたところ、新田義貞の弟である脇屋義助が叡山勢と上京するということを高師直が聞き、建武5年（1338）7月5日、突如男山を攻め落とすことになりましたが、そのときの記述に、「ある夜の雨風のまぎれに、逸物の忍びを八幡山へ入れて、神殿に火をぞかけたりける」とあり、普通には入り込めないところに特に秀でた忍びの者を密かに忍び込ませ、社殿に火をかけて敵を大混乱に陥れたことを記しています。こうしたことから、南北朝期には「忍び」と呼ばれる職能の者が存在していたことがわかります。そして、戦国時代には「忍び」はさまざまな活動をし、裏で世の中を動かしてきました。

　それでは、そうした「忍び」が記録類や軍記物等にどのように描かれているのか、具体的に史料に基づいて考えてみたいと思います。

**1.「忍び」の定義**

　「忍び」についての辞書での説明は、17世紀初頭に長崎で発行され、日本語をポルトガル語で解説した『日葡辞書』に記されています。

> Xinobi. シノビ（忍び）戦争の際に、状況を探るために、夜、または、こっそりと隠れて城内へよじ上ったり陣営内に入ったりする間諜。

そして、用例として二つあげられています。

Xinobiuo suru.（忍びをする）上述のように探索をするために入り込む。

Xinobiga itta.（忍びが入つた）間諜が入り込んだ。

　これらの説明から、「忍び」は城壁によじ上ったりして密かに敵城に入り込み、情報を得ることを任務としていたと言えるでしょう。そして、このように辞書にも記されていることから、「忍び」の存在が戦国時代には一般に認知されていたということがわかります。

　また、鎌倉時代に制定された武家法を条文化した『御成敗式目』の注釈書で、天文23年（1554）8月中旬の奥書のある『御成敗式目注　池邊本』「強竊二盗罪科事」には以下の注が書かれています。

　　　強竊トハ、強盗、竊盗ノ二也、強盗ト云ハ、賊盗律ニ云、以_威力_奪_人ノ財宝_者也、竊盗ト云ハ、賊盗律云、無_威力_竊盗_人ノ物_者也、世間ニシノビト云是也、

　「シノビ」とは窃盗であって、強盗とは違って力尽くでなく人の物を盗む人のことをいうとしています。すなわち職能としての「忍び」とともに、盗みを働く者についても「忍び」と呼ばれていたことがわかります。

　忍びは諸大名が抱え、諜報活動をはじめ、敵の所在地に侵入し、生け捕り、放火、戦闘などに関わることもありました。


## 2. 忍びの実際

　室町幕府評定衆摂津之親による『長禄四年記』閏九月十日条には、「一、畠山修理大夫入道殿屋形焼失、寅刻許、忍火付云々」との記述があり、京都の畠山義忠の邸宅が焼失した際、忍びが火を付けたとの噂があったことを記しています。

　また、後北条氏の旧臣三浦浄心が後北条氏の5代にわたる逸話を集めた書『北条五代記』「昔矢軍の事」にも、正規軍とは別に、情報に精通していて心がよこしまな「くせ者」がかなりいたとして次のように記しています。

　　　其比は其の国々の案内をよくしり、心横道なるくせ者おほかりし、此名を乱波と名付、国大名衆ふちし給へり、夜討の時は彼らを先立つれは知らぬ所へ行に、灯を取て夜行か如く道に迷わす、足軽共五十も百も二百も三百も伴ひ、敵国へ忍び入て、或時は夜討・分取高名し、或時はさかひ目へ行、薮原草村の中にかくれゐて、毎夜敵をうかゝひ、何事にもあはされは、暁かた敵にしらせす帰りぬ、是をかまり共、しのひ共、くさとも名付たり、過し夜ハしのひに行、今朝ハくさより

帰りたるなとゝいひし、

「忍び」にはその名称の他に、乱波・かまり・草などとも呼ばれ、諸大名に召し抱えられて、敵国への侵入、夜討、待ち伏せ、情報収集などの行為を行っていることがわかります。
　仙台藩初代藩主伊達政宗の重臣である伊達成実が著した政宗の一代記『政宗記』巻4「成実領地草調儀の事」には、「草」について次のように記述しています。

　奥州の軍言ばに、草調儀或は草を入る、或は草に臥、亦草を起す、扨草を捜すと云ふ有。先草調儀とは、我領より他領へ忍びに勢を遣はすこと、是草調儀といへり。扨其勢の多少に依て一の草・二の草・三の草とて、人数次第に引分に段々跡に扣へ、一の草には歩立計りを二三丁も先へ遣はし、敵居城の近所迄夜の内より忍ばせけるを草を入ると名付。其より能場所を見合隠居、草に臥と云ふ。尓して後夜明けなば内より往来に出ける者を一人成りとも、たとえば幾人にても敵地より出かゝりけるを、一の草にて討て取ること、是草を起といへり。

　「草」という語は「忍び」を示す語として、東北地方でよく用いられたようです。そして「草」のつく用語の説明をしています。「草調儀」とは自領から他領へ忍びを派遣することで、敵城から近い順に一の草・二の草・三の草のように分けて忍ばせますが、そのことを「草に臥す」といい、敵地から外に出る人を一の草で討ち取ることを「草を起す」と呼んでいます【図1】。
　そして、この記述の後には、天正16年（1588）3月に成実の領地玉井（福島県大玉村）に会津の葦名氏に属する高玉から草を入れた話が記されています。「草」は文字通り、主として草むらに潜んで待ち伏せする作戦をとっていました。また、『伊達天正日記』には、これと関連して「草朝儀」がなされたことが詳しく記されています。
　そして、弘治2年（1556）下総国結城の領主結城政勝が制定した分国法「結城氏新法度」第27条に「草・夜業」についての法令が記されています。

【図1】玉井城と周辺の城
（盛本昌広『境界争いと戦国諜報戦』洋泉社、2014年）

草・夜業、斯様之義は、悪党其外走立つもの一筋ある物にて候。それに事言付候処、若き近臣之者共、表向はすゝどきふりを立て、内々は敵□□上も女之一人も可レ取候はん方心がけて、言付けられぬに何方へもまかり、なにゝなり候ても、其跡を削り候べく候。

　「草」や「夜業」といった者たちは、悪党で行動の敏速な者たちであり、そうした者のまねをして、若い者共が表向きは機敏さをひけらかして、内には女の一人でも取ってこようと思って、命令を受けていないのにどこへでも行き、その結果どのようになったとしても、その跡を削ってなくすということをうたっています。すなわち、結城氏は草・夜業といった職能の者を抱えており、そうした者たちは特殊な能力を身につけているので、勝手にまねをするようなことを禁じているのです。

　その他、諸大名が忍びを使ったことが確認できる史料が少なからずあり、諸大名は忍びを雇って大規模な戦闘が行われる前に情報戦などのさまざまな活動をさせていましたが、そうした行為は正当な行為とはみなされていなかったようです。文安元年（1444）十月十四日伊東祐尭一揆契状は、日向国都於郡を本拠とする山東地方の有力国人である伊東祐尭が、日向国庄内地方の有力な島津一族である樺山孝久と交わした文書ですが、その中で、「自今以後、此衆中御持の御城を、相互に忍び忍ばれ申すべからず候」のように取り決めがなされていることが注目されます。すなわち、「一揆を結んだからには、お互いの城に忍びを放つようなことはもうやめよう」といっており、忍びを使って相手の状況を探ることは正々堂々とした行為でないと認識されていたのでしょう。

### 3. 伊賀衆の活動

　さまざまな忍びの中でも、伊賀衆はよく知られた存在でした。興福寺の門跡寺院大乗院の門主尋尊による日記『大乗院寺社雑事記』文明14年（1482）10月22日条には、大和国人らの抗争に関わって、伊勢国司北畠政勝の舎弟坂内房郷が大将となって長谷寺に出陣した際の軍勢の大略は伊賀衆であり、また、同17年10月14日条には、山城国内にあった畠山義就方の城のうち、二ヶ所の城を「伊賀国人」が守備し、伊賀衆が南山城へ出陣したことが記されています。伊賀衆は伊賀国人の中の精鋭部隊で、周辺の大名に乞われたらそれに応じて戦闘に向かう「傭兵」といった側面を有していたようです。

　『小槻時元記』には、文亀2年（1502）伊賀国の百姓衆が怠けているとして国人衆が征伐を加えようとしたところ、百姓衆が京都の愛宕山に助けを求めたため、愛宕山の衆徒である山伏数十人が400人ほどを伴って伊賀国に攻め入ったものの、国人たちは山伏の陣に押し寄せ、一戦を交えることなく討ち取り、わずか十余人しか京に

帰ることができませんでしたが、このことに対して「奇異な事」と記されています。山伏たちは兵力を有して戦闘に長けていたはずですが、そうした者たちをかくも容易に討ち取っていることから、伊賀国人たちは奇襲や撹乱などのゲリラ戦法を駆使したのではないでしょうか。

　また、興福寺塔頭多聞院の僧英俊による『多聞院日記』天文10年（1541）11月26日条には、伊賀衆が木沢長政軍楯籠もる山城国笠置城へ忍び入り、坊舎に火を放ったことが記されています。

　　今朝伊賀衆笠置城忍ヒ入テ少々坊舎放火、其外所々少屋ヲヤキ、三ノツキノ内一ツ居取ト云、或ハ二ト云篇々也、

　伊賀国は大名勢力が弱く、そのためかわりに自治が発達し、そうした勢力は一揆を結んで武装して訓練をするなどし、戦闘能力を高めました。こうした素地があったからこそ、最後まで織田信長の支配下に降ることなく、天正伊賀の乱の際には、織田信雄軍を手こずらせたといえるでしょう。

　天正伊賀の乱について記した「伊賀の国にての巻」滝野か城の事では、「伊賀の者ハしのひ夜うち上手=候へは」のように、伊賀者は敵城に忍び込んで夜討をすることが得意だったことが記されており、天正8年（1580）8月4日金剛峯寺惣分沙汰所一﨟坊書状では、伊賀衆が大和国宇智郡坂合部兵部大夫の城に忍び入った際に、水堀

【写真1】笠置山上の巨岩

【写真2】天正伊賀の乱が戦われた丸山城跡

を越えて一番に城に侵入し、城内でも比類なき働きをしたことがわかります。

　　和州宇智郡坂合部兵部大夫城<sup>江</sup>、夜中<sup>ニ</sup>伊賀衆忍入候処、南ゟ水堀ヲ越、諸口一
　　番乗、於城中無比類働共、諸人之目渡リ其かくれなき儀、難申尽候事、

　こうしたことから、伊賀衆たちはおそらくは後の忍術書に登場する忍具や技などを
駆使して敵城に忍び込み、撹乱や放火などをしたのでしょう。火に関する技術も忍び
のもつ重要な技のひとつでした。

## おわりに

　以上、戦国時代の忍びについて、記録類や軍記物等を用いて考察してみました。そ
こで明らかになったのは、忍術書では忍び込む手法や情報を得る手段がその記述の中
心で、さらには精神的側面が強調されますが、それは、17 世紀中葉以降の江戸時代
の状況を反映しているためではないでしょうか。太平の世が訪れると、忍びは戦闘行
為をすることもなくなり、職務は情報を得ることに限定されていきました。どの武術
でも同様ですが、実戦と離れることによってより精神的側面が重視されるようになっ
ていきます。そして儒教的倫理観が強調されるのは、江戸時代の君臣関係を確固たる
ものにするための思想的意義づけが必要だったからです。しかし、その倫理観は武士
のそれとは細部において異なっていて、やはり忍び独特の価値観が保たれていきまし
た。

　安政 3 年（1856）刊の木下義俊『武用弁略<sup>ぶようべんりゃく</sup>』巻之二「武兵之弁」では、「忍者」に「シ
ノビノモノ」というルビがふられ、以下のように叙述されています。

　　是ハ自国他国ニ身ヲ隠或敵城ノ堅固ナルエモ忍入テ密事ヲ知者ナリ、或書ニ云、
　　敵国ヘ往来セシメテ事ヲ聴ヲ忍ト云、人ノ撰忍ノ習之アル事ナリ、是又敵ノ事ヲ
　　窺知ノ一品也ト云云、近来云トコロノ伊賀甲賀ノ者ノ類ナリ、昔ヨリ伊賀甲賀ニ
　　此道ノ上手アリテ其子孫ニ伝アル故ニ云爾、

　江戸時代の人からしてみると、忍びの者とは、身を隠して他国へ忍び入り、敵の情
勢を探ったりするなどして情報を獲得する存在で、そうした者の中でも、戦国時代か
らの伝統で、伊賀・甲賀の者が重要視されていることがわかり、江戸初期を境に忍び
の任務も大きく変わりました。

# "忍者 VS 忍者" の系譜

●吉丸雄哉

## はじめに

あなたの最初の忍者体験は何ですか。私（1973生）あたりの世代にこの質問があると、藤子不二雄Ⓐ『忍者ハットリくん』（1981〜87、NETで放送）という答えが多いのですが、私の場合は横山光輝『伊賀の影丸』【図1】です。4歳うえの従兄弟の家にあった漫画の単行本を、幼稚園か小学1年生で読んだのが最初です。「ナナフシの術」が印象に残っているので、「闇一族の巻」を読んだのでしょう。私の家は漫画を買ってくれない家だったので、その後も従兄弟の家でときおり読む『伊賀の影丸』を楽しみにしていました。

【図1】『伊賀の影丸』第1巻（講談社）

『伊賀の影丸』の魅力は、忍者同士の激しい忍術勝負です。それぞれ奇抜な忍術によって、影丸たち公儀隠密と敵対する忍者集団がまたひとりまたひとりと数を減らしながら戦い続ける姿にシビれました。

## 1. "忍者 VS 忍者" の系譜

超人的な忍術を駆使する忍者、それに対抗できるのは忍者しかいないでしょう。忍者の漫画・アニメとしては穏やかな『忍者ハットリくん』も伊賀忍者ハットリくんと甲賀忍者ケムマキくんのライバル関係がなければ、毎回の話が成り立ちません。

さて本稿では、主に文芸を中心にフィクションの世界で"忍者 VS 忍者"がどのように描かれてきたか、その変遷をたどります。"忍者 VS 忍者"の趣向は、忍者が出てくる小説・漫画・アニメ・映画では定番中の定番となっています。それがいつから発生し、どのように変化してきたかを探り、結果として忍者および忍者の登場するフィクションの魅力を再確認するのが目的です。

フィクションが中心の解説となりますが、その前に、史実に触れておきましょう。戦国時代に敵地に潜入して殺害活動を行った者を「草」といいます。軍事活動に従事した「忍び」とおおよそいえます。「草」については、盛本昌広『境界争いと戦国諜報戦』（洋泉社歴史新書y、2014）が「草・乱破・透破の諜報・破壊活動」と一章を立てて詳しく解説しています。中には「草同士の遭遇戦」として『伊達天正日記』と『政

宗記』から事例を紹介しています。忍術をつかったわけでもなく、争いの様子を見てきたようには語れませんが、「忍び」同士の戦いが、戦国時代には決してまれなことではなかったといえます。

　忍者が文芸に登場するのは、表立って「忍び」の活動が見られなくなった江戸時代になってからです。忍者同士の戦いが描かれた最初の文芸作品は『伽婢子』巻十「竊（しの）の術」でしょう。

## 2.『伽婢子』の忍者

　『伽婢子』は浅井了意によって書かれ、寛文6年（1666）に刊行された怪異小説集です。中国小説の翻案がほとんどで、『剪灯新話（せんとうしんわ）』をもとにした「牡丹灯籠（たんどうろう）」の話も入っています。内容が面白く、江戸時代によく読まれました。

　さて、巻十「竊の術」は次

【図2】『伽婢子』（早稲田大学図書館蔵）

のような話です。甲斐の武田信玄が大事にしていた藤原定家旧蔵の古今和歌集が盗まれます。信玄の武将飯富兵部虎昌（おぶ）配下の熊若が人並み外れた能力を持っているので、犯人かと疑われます。そこで熊若が真犯人探しに立ち上がります。熊若は風のように一人行くものを見つけ、「立むかひものいふあいだに後ろよりとらへてをしふせたり」と、相手と話をしながら隙をみて、後ろにまわって捕らえます【図2】。相手は上州箕輪（みの）の永野家につかえる忍びで、風間（風魔）の弟子でした。信玄を暗殺しようと思い、寝所の様子見のために古今集を盗んだのでした。忍びを捕らえた熊若のほうは忍びであると書かれていません。またこの話自体が中国小説『五朝小説』「田膨郎」に見える剣侠という超人の争いの翻案です。ですが『伽婢子』「竊の術」が最初の"忍者VS忍者"の小説だと思います。「田膨郎」ではいきなり杖をあてたのに、熊若が話をして隙をついたのが忍者らしいといえます。

## 3. 江戸時代の作品の忍者

　江戸時代の小説全般を見て、忍者同士の戦いが描かれたものはほとんどありません。江戸時代では、忍者は怪しい忍術をつかって、ものを盗んだり、悪事を働く存在であり、それを正義の人々が懲らしめるのが、一般的な話型だったからです。歌舞伎で、仁木弾正（にっきだんじょう）を懲らしめる荒獅子男之助（伽羅先代萩（めいぼくせんだいはぎ））や石川五右衛門に対抗する真柴久吉（桜門五三桐（さんもんごさんのきり））はいずれも武士であって、忍者ではありません。

あえていうなら美図垣笑顔・渓斎英泉・柳下亭種員・柳水亭種清が約30年間書き継いだ『児雷也豪傑譚』（天保10年〜明治1年（1839〜68）刊）が"忍者VS忍者"の小説でしょう。児雷也はもともと滅ぼされた大名の遺児で、成人して盗賊となり、蝦蟇の妖術を身につけています。児雷也のライバルが蛇と人の間に生まれた大蛇丸で、大蛇の術で児雷也を窮地に追い込みますが、蛞蝓の術を使い蛞蝓丸の名剣を振るう綱手姫に児雷也は救われます【図3】。のちに歌舞伎や映画になり、近年では岸本斉史『NARUTO』にもこれらの名前の登場人物が出てきますから、名前を知っている人は多いでしょう。ただし、忍者同士の戦いというより、妖術使いの妖術競べといった印象があります。

【図3】『児雷也豪傑譚』（早稲田大学図書館蔵）

## 4. 立川文庫の忍者

"忍者VS忍者"で文芸上、画期的なのは立川文庫第40篇『猿飛佐助』（大正2年（1913）刊）です。立川文庫は主に大正期に十代の若者に読まれた時代小説です。戸沢白雲斎に忍術を学んだ猿飛佐助は、従来の後ろ暗い忍者とは異なり、主君真田幸村に忠義を誓い、悪事は見逃さず、悪人は懲らしめる、正義の忍者でした。正確にいえば、猿飛佐助は忍者ではなく、忍術を使う侍なのですが、とにかく猿飛佐助により、忍術使い同士の戦いが文芸に登場するようになりました。

立川文庫『猿飛佐助』より内容を紹介します。南禅寺山門で猿飛佐助は石川五右衛門の悪事を耳にし、石川五右衛門とそのまま争います。石川五右衛門は百地三太夫から伊賀流の忍術を学んでおり、江戸時代の文芸・演劇に悪い忍術使いとして登場する、よく知られた人物でした。その五右衛門が鼠に化けると、佐助は猫となり、五右衛門が火遁の術をつかうと佐助は洪水を起こします。五右衛門が暗がりを作り出し、そこに火の玉を漂わせると、佐助は鉄扇で払って元に戻します。五右衛門を圧倒した佐助は五右衛門に心を入れ替えるようにいいますが、命はとらずにそのまま去ります。有名な忍術使い石川五右衛門に「迚も彼奴には敵わない」といわせる佐助の実力が痛快です。

立川文庫『猿飛佐助』では、塙団右衛門や荒川熊蔵といった豪傑との戦いも読み応えがあります。忍術使い相手では、霧隠才蔵が出てきて、佐助と争ったすえ、仲間になりますが、「石川五右衛門と南禅寺の山門で術比べに及んだ時と、大同小異、別に

大した違いはないから重複に渉るのを避けて、此処には省く事にする」とあって、もったいないです。立川文庫の忍術小説は、同時期に登場した映画の格好の題材となります。映画では、ドロンと消える忍術がカメラを止めて撮影することで簡単に再現できたからです。牧野省三監督・尾上松之助主演の忍術映画の成功とあいまって、立川文庫は大ヒットし、"忍者 VS 忍者"が小説に定着しました。

## 5. 戦前の小説の忍者

"忍者 VS 忍者"に関して、戦前の小説では吉川英治の少年小説『神州天馬侠』（大正14年〜昭和3年（1925〜28）連載）が見逃せません。終盤になって甲州御岳で兵法大講会という諸芸を競う大会が開かれます。そこに忍術部があるのです。「百地流霧隠才蔵（浪人）。魔風流魔風来太郎（伊賀郷士）。同流永井源五郎。愛洲移香流天狗太郎（浪人）。戸沢流猿飛佐助（浪人）。甲賀流虎若丸（甲賀郷士）」と大物の名があり、伊賀流の隠密菊池半助は「ウーム、猿飛も来ているか……」とうめきます。結局、菊池半助は、咲耶子の身柄を争う五番勝負の一番目にあたる忍法試合で、果心居士の教えをうけた木隠竜太郎と勝負します。ちなみに、「忍法」という言葉は忍術書にはありますが、小説に用いたのは吉川英治の『神州天馬侠』が最初ではないかと思います。三十六人ずつの陣地の中から玉を取るという忍法試合紅白鞠盗みを二人は命じられます。菊池半助は猛烈な早さで動き、それに皆が目を奪われている隙に、竜太郎は姿を消します。半助も竜太郎も鞠を奪うことに成功しますが同着のため引き分けます。寛永御前試合のような武芸試合の忍術版を考えたのだと思いますが、忍法試合という発想が面白いです。『神州天馬侠』自体、それまでの立川文庫のような講談的な小説よりも洗練され、より現代の時代小説に近づいた作品として注目できます。

## 6. 戦後の小説の忍者

戦後には、小説もそれまでに比べて表現も自由になり、忍者小説も新しくなります。姿三四郎で知られる富田常雄の『猿飛佐助』（太虚堂書房、昭和23年刊（1948））には女忍者が登場し、佐助と争います。女忍者の登場する最初の作品ではないかと思います。女忍者を主人公とする最初の作品は宮本幹也『雲よ恋と共に 忍術女騒乱記』（昭和28年（1953）刊）だと思います。福島正則の遺児で、戸隠の天狗太郎に忍術を学んだ女忍者が忍術御前試合に挑みます。

"忍者 VS 忍者"の小説として、五味康祐『柳生武芸帳』（週刊新潮、昭和31〜33年（1956〜58）連載）には必ず触れないといけません。剣で知られた柳生一族を忍びの術が本体とし、その柳生一族と霞の忍者らとの戦いを記します。よく読まれた小説で、後発の時代小説に大きな影響を与えました。ただし『柳生武芸帳』の忍術はリアル系で、剣の戦いは凄みがありますが、忍術に派手さがありません。

司馬遼太郎『梟の城』(昭和33～34年(1958～59)連載)も伊賀忍者同士の戦いや、伊賀忍者と甲賀忍者との戦いが描かれます。
　おおよそ『柳生武芸帳』以降"忍者VS忍者"は戦後忍者小説の主な趣向として定着しますが、それでも山田風太郎『甲賀忍法帖』(昭和33～34年(1958～59)連載)は特筆すべき作品です。一対一の対決ではなく、伊賀忍者、甲賀忍者というグループでの勝ち残り戦は『甲賀忍法帖』が初めてでしょう。今までの忍術とは違った、超人的な忍術は「忍法」として山田風太郎により広まります。忍術は、非常に優れた人間なら実現可能のように思われるリアル系忍術と、人間ではどうしても実現できないような魔法的な忍術の二つがあります。山田風太郎は忍法帖シリーズによって魔法的な忍術を忍法として広めました。
　冒頭に触れた横山光輝『伊賀の影丸』(昭和36～41年(1961～66)連載)も強い影響を受けています。山田風太郎作品では忍者は強く、『魔界転生』(初出は「おぼろ忍法帖」。昭和39・40年(1964・65)連載)で、柳生十兵衛配下の侍、柳生十人衆のうち、金丸内匠と磯谷千八が根来忍法僧に手裏剣であっさりと倒されてしまうのは無情です。

### 7. 量産される"忍者VS忍者"作品

　昭和三十年代以降、忍者を扱った作品では、"忍者VS忍者"の作品は数限りなく生まれていて、そうではない作品のほうが少ないといっていいでしょう。最近の作品の『ニンジャスレイヤー』【図4】はニンジャを殺すニンジャという、ストーリー上、"忍者VS忍者"に特化した内容になっています。厳密にいいますと、忍術は武術ではないのですが、欧米では忍術は武術と認識されています。『ニンジャスレイヤー』は忍者同士の争い以外の内容をほとんど削ぎ落としており、それがスピーディな展開をみせる作品の魅力につながっているのですが、その割り切りのよさは、いかにもアメリカ発の作品といえましょうか。

【図4】『ニンジャスレイヤー殺』第1巻(講談社)

　忍者説話は、立川文庫『猿飛佐助』の登場までは「忍者が忍術を用いて大事なものをとって帰ってくる」というパターンの話の方が多いです。忍者のテレビゲームも正面切って戦うものではない、『天誅』シリーズ(アクワイア)のような、「忍び」らしいステルスアクションゲームもあります。忍者の魅力は"忍者VS忍者"の話型だけで描けるものだとは思っていません。しかし、"忍者VS忍者"が現在もっとも力のある忍者説話の型であるのは間違いないと思います。

# 伊賀・甲賀忍者史跡探訪

池田 裕

---

ここに紹介した史跡は、修験道、天正伊賀の乱、家康伊賀甲賀越え、藤堂藩伊賀者、甲賀五十三家、伏見城籠城、『萬川集海』に関わる場所を選びました。主要参考文献は次の通り。『伊乱記』、『伊水温故』、『伊賀旧考』、『三国地誌』、『近江輿地志略』、『伊賀忍者真説 49 の足跡』など。

**【注意】** 非公開の個人宅も掲載しています。外観のみを楽しんでください。勝手に敷地内に入らないようにくれぐれも注意してください。

# ●伊賀編

藤原千方城跡

## 1 藤原千方（ふじわらのちかた）（伊賀市高尾）

『太平記』に、平安の頃、藤原千方が4匹の鬼を使って謀反をおこしたと記されます。射ても矢の立たない金鬼、大風で敵を吹き飛ばす風鬼、大水を流し敵を押し流してしまう水鬼、姿を隠して敵を潰す隠形鬼。彼らの行動は忍者そのものです。しかし、鬼を征伐に行った紀朝雄が「草も木も我が大君の国なればいづくか鬼の棲なるべし」と歌を詠むと、鬼はたちまち逃げ去り千方も降伏したといいます。『続日本紀』に、名張山奥で偽金造りの一味が捕まった記事がありますが、藤原千方のことと考えられます。

藤林一族墓碑（正覚寺）

## 2 藤林長門守（ふじばやしながとのかみ）（伊賀市東湯舟）

三大上忍の一人。藤林一族は六角義賢（承禎）と強い繋がりがあったようです。『萬川集海』に、承禎が沢山城（滋賀県彦根市）を攻めた際、楯岡道順以下11人の伊賀・甲賀の忍者が活躍したことが記されてます。11人の忍者は抜群だが、名を知られるようでは未熟。上忍とは名は知られないが、その功績は「天地造化の如し」と記されています。長門守が上忍といわれる理由は、子孫の保武が『萬川集海』を編纂したからだと思われます。藤林一族の墓碑がある正覚寺近くに藤林城跡が整備されています。

役行者像（西音寺）

## 3 音羽ノ城戸（おとわのきど）（伊賀市音羽）

『萬川集海』に記される忍術名人。『伊乱記』にも、音羽ノ城戸の活躍が記されています。天正伊賀の乱が終結し織田信長が敢国神社で休息していたときに、土橋村の原田杢と印代村の印代判官、音羽村の城戸弥兵衛の3人が狙撃します。信長の運は強く3人は打ち損じ、家来たちはすぐに追いますが、飛ぶ鳥のように逃げ去ったとあります。西音寺に弥兵衛が崇敬していたという役行者像があります。役行者像は土橋と印代にもあります。

稲増家

## 4 稲増治郎左衛門（いなますじろざえもん）（伊賀市下友田）【※非公開】

藤堂藩伊賀者。『稲増家文書』によると藤林保武の子、冨治林正直の遺言により、『萬川集海』6冊と『伊賀軍法之書』を譲り受けます。また、正直の子、冨治林直からは忍術免許皆伝を受けたとあります。その後、寛政5年（1793）、鳥取異国船漂着の担当役、文化10年（1831）、藤堂藩忍術指南役になります。ペリー来航の際に作成した澤村家所蔵の狼煙筒に、治郎左衛門の名が記されています。稲が増す稲増、福が来た福喜多など、縁起の良い名が伊賀者には多いです。

宮杉一族墓碑（平泉寺）

## 5 陰陽師宮杉（おんみょうじみやすぎ）（伊賀市湯舟）

六角義賢の家臣百々隠岐守が謀反をおこし、沢山城（滋賀県彦根市）に立て籠もります。抜群の忍術名人楯岡道順は伊賀者・甲賀者とともに攻めることになります。その途中、湯舟の陰陽師宮杉に占ってもらい、「沢山に百々とある雷もいがさき入れば落にける哉」の歌を送られ大いに喜んだといいます。「いがさき」は道順の本名。当時、陰陽師は軍師的な役割も兼ねたといわれます。陰陽師宮杉一族墓碑が平泉寺にあります。平泉寺は『萬川集海』にもその寺名が記されています。

澤村家

五右衛門塚

百地丹波守碑

敢国神社

## 6 澤村甚三郎（伊賀市川東）【※非公開】

澤村家は川東春日神社の真南に位置し、屋敷周囲に土塁や堀が残る中世城館跡です。春日神社が川東に勧請された11世紀頃より住み、天正伊賀の乱では、壬生野城に籠もって信長勢と戦っています。藤堂高次の代より江戸末期まで伊賀者として活躍。『隠密用相勤候控』に、伊勢国一揆の動向の探索や異国船の偵察をした記録があります。嘉永6年（1853）、ペリーが黒船4隻で浦賀に来航した際、甚三郎は江戸幕府より翌年、黒船探索を命じられます。伊賀者五人の名が記される狼煙筒や『萬川集海』などの忍術書が残っています。

## 7 石川五右衛門（伊賀市石川）

寛文7年（1667）に書かれた『賊禁秘誠談』に、五右衛門は伊賀石川の出とあります。百地三太夫の弟子で、不義密通を働き破門され大盗賊となります。後に豊臣秀吉を狙いますが、千鳥の香炉がチリリと鳴いたため取り押さえられ、京都鴨川で釜ゆでの刑に処されました。五右衛門風呂はその逸話から作られたお風呂です。北伊賀には多くの忍者がいたことは事実です。石川のとある小山に「南無阿弥陀仏」とだけ刻まれた供養塔があります。五右衛門のために作られた碑と伝わります。

## 8 百地砦（伊賀市喰代）

上忍百地丹波守の城跡。本丸横の丸形池で忍者が修行したと伝わります。土塁もよく残り要害堅固だったようです。天文13年（1544）の『木津家宮座文書』に「喰代もも地殿」とあり、天文期には有力な豪族でした。天正伊賀の乱の決戦地、名張柏原城で信長勢と戦っています。『百地家由緒書』に、百地家娘が松尾芭蕉の母と記されています。真偽は別にして興味深い記述でしょう。砦内には由緒書冒頭に述べられる式部塚があります。塚前には大量のハサミが置かれ不気味な雰囲気が漂います。

## 9 忍町（伊賀市上野西忍町）

藤堂藩伊賀者が住んでいた町。寛永（1624〜43）や寛文（1661〜72）頃の絵図に伊賀者の屋敷が見られます。三之町筋の中央部南側の重臣の下屋敷一軒分足らずの地域に、黒岩安左ヱ門、服部七右衛門ら10人ほどの名が記されています。伊賀者は江戸詰の際は、参勤交代での護衛と江戸染井屋敷における警備を担当。伊賀詰めの伊賀者は忍町の屋敷で居住し、藩内の警備や情報収集の役に就いていました。現在は東忍町と西忍町に分かれています。「忍」の鬼瓦は忍町公民館で見られます。

## 10 敢国神社（伊賀市一之宮）

敢（阿閉）一族の神社。その後、服部一族祖神少彦名命と金山媛が祀られます。神社近くに佐那具という地があり、鉄造りに関係した一族が住んだといいます。金山媛は鉄の神様。戦国時代、佐那具にも多くの伊賀者がいました。鉄を加工し武器を作ることができたからでしょう。神事頭役はクロフトウと呼び、費用は千石もかかったといいます。この役は服部一族でなければならず、敢国服部とも呼びました。天正伊賀の乱で神社が焼失しますが、文禄2年（1593）、修験者小天狗清蔵が再建しています。

6 伊賀・甲賀忍者史跡探訪

105

菊岡如幻墓碑（九品寺）

## 11　菊岡如幻（伊賀市守田町）

寛永2年（1615）伊賀上野に生まれ、幼名は捨松、北村季吟に国学、和歌を学びました。延宝7年（1679）、天正伊賀の乱を伝えた『伊乱記』、荒木又右衛門仇討ちの実録『殺法法輪記』、伊賀地誌『伊水温故』、民話『茅栗草子』などを著します。特筆されるのは、『伊賀国忍術秘法』『伊賀忍者考』を著し、最初の忍者研究家といえる点です。残念ながら『伊賀忍者考』は紛失しています。同時代に『萬川集海』編者の藤林保武がいましたので、関係があったと考えられます。九品寺（伊賀市守田町）の墓碑の戒名は「夢如幻居士」。

伊勢三郎義盛碑（済口寺）

## 12　伊勢三郎義盛（伊賀市才良）

武蔵坊弁慶と並ぶ源義経四天王の一人。『正忍記』に源義経が忍びを使ったとあり、伊勢三郎義盛一党のことと考えられます。焼下小六という別名で鈴鹿山の山賊頭領でした。『伊水温故』に、育った村を三郎村と呼びましたが、三郎義盛の名より三郎村が転じて才良と呼ばれたとあります。「義盛百歌」という忍者の心得を歌にして伝えたものが、『萬川集海』に多く記されています。「忍びには習いの道は多けれどまず第一は敵に近づけ」などの歌です。済口寺には伊賀者貝野一族の墓碑もあります。

正月堂修正会の鬼

## 13　島ヶ原党（伊賀市島ヶ原）

島ヶ原党は源頼政家来の渡辺競の一族の後裔と称し「三星下一文字紋」の家紋を同じくしました。元弘元年（1331）、京都笠置山合戦で後醍醐天皇側として参戦し、菊水陣幕と太刀が下賜されたと伝わります。長享元年（1487）、鈎の陣に参戦。天正伊賀の乱では、島ヶ原党は観菩提寺正月堂を守るため降伏しますが、本能寺の変で信長が倒れると蜂起し、織田勢は激しい抵抗に兵を引き上げたといいます。毎年正月堂で2月11日、12日に「大餅会式」と呼ばれる修正会の行法が行われています。

百地丹波守三太夫碑

## 14　百地三太夫（名張市竜口）

三大上忍の一人。『賊禁秘誠談』に、百地三太夫は天下の大泥棒石川五右衛門の師匠とあります。『伊乱記』に、天正伊賀の乱に参加した百地氏は、百地新之丞、同太郎左衛門、喰代百地丹波とあります。三太夫の名は確認できませんが、その存在はまったくの創作だと断言はできないでしょう。竜口は猿楽の本拠地で、白山神社の棟札に十人もの"太夫"衆の名があったからです。戦国期に百地氏が竜口を南北にまたぐ城山に砦を構え支配したといいます。百地三太夫屋敷（博物館）の見学には予約が必要です。

天正伊賀の乱碑（勝手神社）

## 15　柏原城（名張市柏原）

『三国地志』に滝野十郎城ともあります。通称は柏原城と呼ばれます。石礫で固めた土塁を巡らし、その周囲に二重の土塁を築いた強固な城だったようです。『伊乱記』に、天正伊賀の乱の決戦地で、北伊賀より敗走してきた残存勢力が柏原城に集結したとあります。南伊賀、柏原の土豪、横山、福森、百地をはじめ1600余人が抵抗しますが、多勢に無勢、織田勢による最初の攻撃でほぼ壊滅的になり降伏することになります。奈良の能楽師大蔵五郎次の仲介で、この城を筒井順慶に明け渡したとあります。

天正伊賀の乱碑（雨乞山）

### 16 雨乞山（伊賀市下友田）

天正伊賀の乱の際、北部の伊賀勢が立て籠もった山城。標高269m。『伊乱記』によると、信長軍の蒲生氏郷軍は鉄砲や矢を飛ばし一気に攻め込みますが、伊賀勢も得意のゲリラ戦法で応戦しました。氏郷軍の望月猪太郎という屈強の大男が伊賀勢を苦しめますが、山内左右衛門尉が討ち取ります。しかし、多勢に無勢で徐々に伊賀側が不利となり、夕方頃には落城します。山内氏は永禄11年（1568）と天正元年（1573）、六角承禎が伊賀に逃れたときに、「感状」を受けた有力郷士でした。

丸山城跡碑

### 17 丸山城（伊賀市枅川）

天正6年（1578）、織田信長の次男信雄は、伊賀攻略拠点として丸山城を滝川勝雅に修築させます。対岸の無量寿福寺よりこの様子を見ていた伊賀惣国一揆衆は、丸山城を攻め信雄勢を敗走させます。翌年9月、信雄は柘植三郎兵衛と自ら8千の兵を率い攻めます。反撃に備えていた伊賀衆は、三郎衛門を討ち信雄勢を再び撃退します。伊賀鉄道丸山駅で下車して、南に向かいます。細い川に沿った道があり、「丸山城跡」の矢印があり、ここから15分で本丸に着きます。天正伊賀の乱が始まった山城です。

藤林保武墓碑（西念寺）

### 18 藤林保武（伊賀市上野万町）

『萬川集海』の編者藤林保武は、上忍藤林長門守の子孫です。保武は東湯舟から上野万町に移ります。元禄14年（1701）、藤堂藩伊賀者に採用されます。しかし、藤堂長門という代官がいたので、藤林の姓を遠慮して冨治林と改名しました。保武の子、正直は『三国地志』の編纂を命じられ伊賀編を担当しました。写真は左より、保武、正直、正直の子・直の墓碑。

葵の鬼瓦（徳永寺）

### 19 徳永寺（伊賀市柘植町）

天正10年（1582）、本能寺の変で徳川家康一行が堺から岡崎に帰還するのに伊賀を越える必要がありました。同行の服部半蔵正成が伊賀・甲賀の地侍を、この寺に集めたと考えられます。家康は彼らに守られ無事生還。家康はその時の礼として徳永寺に米二石、茶二貫などの領地と葵の紋の使用を許しました。藤堂高虎が伊賀を治めるようになり家康の書状を返上しますが、改めて藤堂家から寄進を受け、初代高虎から11代藩主までの寄進状が残されています。『宗国史』にも同様の記述があります。

『伊賀越敵討』

### 20 鍵屋の辻（伊賀市小田）

荒木又右衛門は荒木村に生まれ、幼名は服部丑之助。大和郡山松平家剣指南役になります。伊賀上野城すぐ西にある鍵屋の辻で、寛永11年（1634）11月7日、義弟渡辺数馬を助太刀し河合又五郎一行を倒します。決闘では後方で待ち伏せていた又右衛門一行が、しんがり河合甚左衛門の足を斬り、槍の名手櫻井半兵衛に深手を負わせます。又右衛門の刀が折れ危ない場面もありましたが、数時間後決着がつきます。後世に芝居、講談、歌舞伎などで有名な日本三大仇討の一つとなり、決闘の日には毎年法要が営まれています。

役行者像（大山田地区）

夏焼神社灯籠を祀る洞

不動滝（赤目五瀑の一つ）

世阿弥の母の像

忍者岳

## 21　大山田役行者（伊賀市中島・平田）

旧大山田村地域にも、藤堂藩の多くの伊賀者がいました。下阿波の阿波正左衛門、曽我五郎兵衛などです。五郎兵衛は後に200石取りの軍師となります。また、修験者も多くいたようです。修験者と忍者は密接な関係があったといいます。伊賀の山中には今なお多くの行者堂があります。平田・中島の山中に伊賀最大の役行者像があります。目は大きく見開き、筋骨隆々の倚像は迫力満点です。天然無機顔料が使われ、今なお鮮やかに残っています。江戸時代初期に修験者小天狗清蔵が作成したと伝わります。

## 22　夏焼大夫（名張市夏秋）

夏秋を「ナッチャケ」と呼ぶのは「夏焼」と呼んでいた名残だと考えられます。黒田の悪党大江貞房は夏焼兵衛尉と呼ばれました。『長秋記』に、永久元年（1113）、天皇家御物がある蘭林坊に夏焼大夫一味が忍び込み御物を盗みました。京に戻った宿で検非違使平忠盛が犯人を追捕したとあります。この頃より名張では黒田の悪党に繋がっていく反政府勢力がいたと思われます。黒田の悪党は忍者の母胎と考えられます。昭和27年台風で名張川が氾濫し神社が流されますが、その後灯籠の部分が奇跡的に発見され祀られています。

## 23　赤目四十八滝（名張市赤目）

木津川上流滝川にあります。赤目滝は黄滝や阿弥陀滝と呼ばれていました。滝入口にある延寿院は役行者が開き不動明王を本尊としています。赤目滝は修験者の霊場でした。修験者と忍者は関係があり、赤目は忍者の修行地でもあったといわれます。滝には国の天然記念物オオサンショウオが生息し、忍者はオオサンショウウオから忍術を学んだといいます。司馬遼太郎原作の忍者映画『梟の城』では、この滝が撮影されました。現在「忍者の森」という忍者修行ができるアトラクションがあり賑わっています。（増田茂樹氏撮影）

## 24　世阿弥の母（伊賀市守田）

近年伊賀で発見された『上島家観世系図』に、楠木正成の姉か妹が、観阿弥の父である御家人服部元成に嫁いだと記されています。観阿弥が座を立てた後、母の素性を明さなかったのは、観阿弥が正成の甥であるのを隠すためだったといわれます。「楠木流忍術書」も残っています。猿楽師は各地を転々とするため、諜報活動に適していました。伊賀国浅宇田庄が観阿弥生誕地という説があり、子孫が1975年に建立した観阿弥の妻、世阿弥の母の像があります。

## 25　忍者岳（伊賀市柘植町）

標高728m。奥余野森林公園駐車場より「ぞろぞろ峠」を経て登ります。所要時間5時間。三国岳から尾根歩きで、三国（伊賀、伊勢、甲賀）が眺められます。素晴らしい景色が楽しめますが、道幅が50㎝程しかない所もあり、注意しなければ滑落するかもしれません。奥余野公園を整備した際、地図が必要になりましたが、山の名前がなく、伊賀と甲賀の間なので忍者岳に決まったといいます。甲賀忍者が信仰した油日岳の隣が忍者岳です。忍者が修行していたのは間違いないでしょう。

# ●甲賀編

飯道神社（飯道山）

## 1 飯道山（甲賀市信楽宮町）

信楽、水口、甲西の三町にまたがる標高664mの山。室町時代には全国50余りの修行場の筆頭でした。飯道寺は醍醐寺三方院の当山派山伏の先達寺院として有名。戦国期には山伏は間諜や隠密として利用され各地の土豪と結びつきます。山伏が得たさまざまな知識や技術は甲賀忍者の特長である薬に繋がります。山頂には飯道神社があり、飯道神社の脇に「荒行場」があります。相当に危険な行場です。決して興味本位や単独では行かないようにしてください。役行者像も神社近くの大岩で鎮座しています。

油日神社本殿

## 2 油日神社（甲賀市甲賀町油日）

甲賀53家の氏神。祭神は油日大神を主祭神とし、東相殿に罔象女神、西相殿に猿田彦神が祀られています。油日岳山頂には油日神社奥宮にあたる「岳明神」の小祠が鎮座しています。社伝によると、山頂に大明神が降臨し油の火のような大光明を発したので、油日の名が付けられました。修験の山である油日岳の信仰と結びついた油日神社は、古来より崇敬され、「油の神」としても全国油業者の信仰を集めています。隣接する「甲賀歴史民俗資料館」には忍者関係の資料も展示されています。電話予約が必要です。

大原家

## 3 大原数馬（甲賀市甲賀町檜野）【※非公開】

甲賀21家の南山六家筆頭。頑丈堅固な土塁に囲まれる土豪屋敷です。寛政元年（1789）、甲賀忍者の衰退を心配した大原数馬、上野八左衛門、隠岐守一郎の3名が、『萬川集海』を寺社奉行松平輝和を介して、江戸幕府に献上します。仕官の願いは叶いませんでしたが、褒美として銀5枚を授かっています。その後、大原数馬は忍者としてでなく、薬の知識を生かした医者になります。献上した『萬川集海』は楷書体の見事なもので、現在、国立公文書館に納められています。

甲賀流忍術屋敷（望月出雲守屋敷）

## 4 甲賀三郎（甲賀市甲南町竜法師）

甲賀三郎伝説とは、父の後継者となり領土を譲られた三郎が、兄たちに妬まれ地中の牢獄に閉じ込められ、何年間も地中で過ごす苦難を経て帰還する物語です。この物語は近松浄瑠璃や歌舞伎十八番に取り上げられ全国的に有名になりました。甲賀三郎は、甲賀21家望月家先祖、三郎兼家のことです。『伊勢参宮名所図会』にも信濃国望月住人諏訪左衛門源重頼の三男望月三郎兼家が武勇に優れ、平将門の乱で活躍し甲賀・伊賀を合わせて支配したとあります。伊賀一之宮の地に居城したと伝わり、三郎の祠が敢国神社にあります。

鈎の陣碑

## 5 鈎の陣（栗東市栗東町上鈎）

長享元年（1487）、室町幕府第9代将軍足利義尚は6万人の軍勢で、守護六角高頼征伐を行います。高頼軍は1万数千人でしたが、軍勢に甲賀者や伊賀者がいました。地の理を活かしたゲリラ戦法で抵抗します。義尚は鈎の永平寺に本営を構えます。軍紀がゆるんでいる情報を得ると、高頼は夜襲をかけます。幕府軍は大打撃を受け、義尚はこの戦いの傷が元で没したともいわれます。この戦いで、甲賀者・伊賀者の名が全国に広まります。そして、甲賀53家はこの戦いに参加した者、軍功のあった者を甲賀21家と呼びます。

## 6 矢川神社（甲賀市甲南町森尻）

祭神は大己貴命と矢川枝姫命。『延喜式』に載る古社で、中世は杣庄内2カ所の総社。甲賀郡中惣の参会場として利用されました。ほとんどの甲賀武士は村庄屋として指導的立場で村民から信頼され、天保一揆（甲賀騒動）では庄屋が活躍します。この時は幕府役人の不当な検地に反対し庄屋を先頭に4万の農民が立ち上がり、検地を延期する事を約束させました。与謝蕪村の句碑、「甲賀衆の忍びの賭や夜半の秋」が矢川神社にあります。

与謝蕪村句碑

## 7 笹山城（甲賀市甲賀町鳥居野）

篠山理兵衛の居城。甲賀最大の城郭。理兵衛は甲賀21家の大原一族で、徳川家康に仕えていました。慶長5年（1600）、水口の城主長束正勝が家康暗殺を企てます。理兵衛がこの情報を得て家康を脱出させます。『甲賀古士日記』に、家康より10人に米百人扶持、100人に三百人扶持が支給されたと記されます。伏見城を守った甲賀武士団は、石田三成ら西軍に攻められ、必死に抵抗しますが落城してしまいます。家康はこの戦いに加わった甲賀武士の子孫に3年間甲賀在住を許し、恩給の特典を与えます。

笹山城跡説明板

## 8 大鳥神社（甲賀市甲賀町鳥居野）

大原一族の氏神、祭神は素盞鳴命。その木像は国の重要文化財となっています。社伝では元慶6年（882）、伊賀国河合郷の笹ヶ岳より勧請したといいます。大原の祇園行事として花奪いの神事は有名で無形文化財となっています。西隣の多聞寺墓地には、伏見城籠城戦の際に殉死した篠山理兵衛父子の墓と、甲賀武士10人の墓碑があります。境内はかつて大原氏の城跡でした。毎年8月3日、全国に散った大原一族が大鳥神社に集まり、御神前に参拝します。

大鳥神社鳥居

## 9 杉谷屋敷（甲賀市甲南町杉谷）

六角承禎は、家来杉谷善住坊に織田信長狙撃を命じます。元亀元年（1570）、信長が鈴鹿の山越えで伊勢に抜ける時、千草越えの山中に潜み信長を狙撃します。善住坊は鉄砲名手だったのですが、信長の強運の方が勝っており、弾は信長の身体をかすめることしかできませんでした。徹底した捜索の結果、善住坊は捕らえられ、土中に埋められ首を竹鋸でひかれ7日間かけて処刑されました。杉谷善住坊の氏神杉谷神社は、地元では天満宮と呼ばれます。

杉谷城跡

## 10 慈眼寺（甲賀市甲南町野田）

臨済宗永源寺派の寺院。甲賀武士100名は、関ヶ原前夜の伏見城籠城戦で活躍しました。後に江戸幕府からその功績を称えられます。その甲賀武士の遺族を中心に編成された江戸甲賀百人組のうち、望月藤左衛門組10人の先祖の位牌と石碑があります。江戸に移住した後、その子孫が、甲賀において250年忌を行った時の石碑があります。他の甲賀武士の供養遺跡は、塩野の望月家累代之墓所、滝の称名寺、田堵野の長福寺、鳥居野の多聞寺、宇田の唯称寺など甲賀や水口などにあります。

甲賀武士石碑

## 11　東雲舎（甲賀市甲南町磯尾）【※非公開】

「東雲舎」は松尾芭蕉が訪れ、命名したと伝わります。芭蕉の句「山陰は山伏村の一かまえ」は、磯尾の山伏村を指します。磯尾は飯道寺支配下の山伏村で、多くの甲賀忍者が誕生しています。この屋敷は外観は平屋ですが、入口すぐ横に隠し階段があります。その2階に隠し部屋があります。ここでは萬金丹という薬の製造を行っていました。木村奥之助は尾張藩で活躍した忍者ですが、磯尾出身です。

磯尾遠景

## 12　山中氏（甲賀市水口町宇田）

山中氏は、鎌倉時代より荘園柏木御厨の地頭。甲賀21家柏木三家筆頭でした。当時、鈴鹿峠に山賊がはびこり、鈴鹿関は軍事的にも重要なため、鎌倉幕府は山中氏に警護させます。『山中文書』は甲賀武士の研究に欠かせない資料です。『山中文書』の内「伊賀惣国一揆掟書」は、現存する唯一の惣国一揆掟書で価値の高い文書です。この掟書には伊賀と甲賀の野寄り合いについて書かれており、戦国時代、伊賀甲賀が同盟関係にあったことがわかります。『山中文書』は神宮文庫に保存されています。

山中氏城跡

## 13　多羅尾代官（甲賀市信楽町多羅尾）

嘉元元年（1303）、関白近衛師俊が信楽において多羅尾を称しその祖になります。甲賀53家の一家として名を連ねています。多羅尾光俊は戦国の三英傑、織田信長、豊臣秀吉、徳川家康に仕えました。天正伊賀の乱では信長に命じられ伊賀攻めに参加。その後、秀吉に仕えます。しかし、文禄4年（1595）の秀次事件で秀吉の怒りに触れ、多羅尾一族は領地をすべて没収されます。その後、家康は伊賀越えの恩を忘れずに、世襲代官として信楽の所領を与えます。屋敷跡の石垣は、今なおその威光を失わず残っています。

多羅尾代官陣屋跡説明板

## 14　小川城（甲賀市信楽町小川）

小川成俊の居城でしたが、長享元年（1487）、成俊が多羅尾和泉守に敗れた後、多羅尾一族の所領となります。小川城は城山（標高470m）山頂に築かれました。土塁もよく残り村内を一望できます。本能寺の変に際し、徳川家康一行が堺より三河岡崎へ帰還するとき、多羅尾光俊は木津川より信楽までの道案内をします。家康が初日に宿泊した山口城は、光俊の子山口甚介秀康の居城です。二泊目が小川城でした。

小川城跡

## 15　くすり学習館（甲賀市甲賀町大原中）

「人と薬の関わり、配置売薬などの歴史」を学ぶ場所。薬の歴史は古く4千年前中国の炎帝神農氏が野山を駆け巡り、薬になるものとならないものを見分け、365種の生薬を見つけ出します。神農氏は医薬と農耕の神として信仰され、神農氏の絵図も展示されています。『萬川集海』にも眠り薬、アハウ薬などの薬が記されています。ここで忍術と薬の関係も学べます。甲賀が現在も滋賀県地場産業の中で医薬品の生産額がトップの理由は、山伏のみならず忍者が培った薬作りの歴史があったからでしょう。（入館無料）

神農絵図（くすり学習館蔵）

# おわりに

　忍者は情報を収集し、生き残るために忍術を使いました。さまざまな情報の中から必要な情報を選び取り、活用していくことが重要です。本書の「情報」を「知識」に、そして、「知恵」にしなければなりません。それが忍術です。『萬川集海』の冒頭には、忍者の心得として「正心」（正しい心を持つこと）が大事だと記されています。『萬川集海』を参考にしながら、現代版「忍者になるための十ヵ条」を作りました。十ヵ条を実行して、現代忍者になってください。

## ―忍者になるための十ヵ条―

**1、礼儀正しくする**
（礼儀正しければ信用され、役立つ情報が得られる。）

**2、誰にでも優しくする**
（優しくすることで、役立つ情報が得られる。敵を作れば情報収集が難しくなる。）

**3、精神力を鍛える**
（メンタルトレーニングで精神力を強くして、あらゆる状況に対応できるようにする。）

**4、コミュニケーション力を鍛える**
（情報を得るためには相手の立場になる。そうすれば、情報収集がしやすくなる。）

**5、動植物の知識を持ち、観察力を鍛える**
（山の動植物は人と密接に係わる。知識をつけ観察力を鍛えれば生き残れる。）

**6、新聞を読み、情報から知識、そして、知恵をつける**
（新聞は情報の宝庫。チラシでさえ情報になる。コラムはさまざまな考え方を学習できる。）

**7、日本の伝統的芸術を習得する**
（柔道、剣道、書道、茶道、華道等をたしなむ。海外ではこれらは人気がある。）

**8、マラソン〈42.195km〉を完走できる脚力をつける**
（脚力は忍者の必要最低条件。万一追いかけられても悪い人から逃げ切れる。）

**9、スマートフォンを駆使し、あらゆる情報を収集する**
（SNS などのツールを使いこなし、さまざまな情報を収集する。）

**10、英語力をつける**
（忍者は世界の NINJA なので、英語を使いこなし海外に情報発信、情報収集をする。）

## 『完本 忍者の教科書』おわりに

　現代忍者を自称している私は情報収集のために常日頃から「狼煙」をあげています。情報はどこから手に入るかわかりません。この狼煙を見つけてくれる人は必ずいます。今は SNS という便利なデジタル狼煙があります。現代忍者はアナログだけでなくデジタル手法も習得しなければなりません。三重大学が国際忍者学会を創設し「世界の忍者」を大々的に打ち出したました。おかげで私も忍者伝道者として海外からオファーがあり、2013 年から新型コロナで渡航が出来なかった 2 年間を除いた 9 年間、忍者講演を行ってきました。今の厳しい世界で生き残るために、読者が次のステップに進むための「中忍になるための十カ条」をあげました。ぜひ実行してください。

2024 年 8 月
伊賀忍者研究会上忍　池田裕

### ―中忍になるための十カ条―

**1、果敢に挑戦する** Try and error.
（新しいことをすると必ず失敗するが、めげないで何度も何度も挑戦する）

**2、戦略を立てる** Devise a strategy.
（勝つためには戦略が必要。闇雲に動くことは無駄を作る）

**3、気楽に考える** Take it easy.
（失敗を恐れて億劫になるのは駄目。やればなんとかなるという気持ちを持つ）

**4、最後まで可能性を信じる** Believe the possibility to the last.
（たとえ99%駄目だと言われても、残り1%の可能性があるのなら信じる）

**5、振りかえる** Look back upon your actions.
（行動を分析して、良かった点と悪かった点を客観的に判断し、次回の行動に活かす）

**6、人の意見に耳を傾け、感謝する** Listen to your critisisms and appreciate them.
（批判されることは嫌かも知れないが、逆に感謝すべきである）

**7、心身を健全にする** Keep your mind and body healthy.
（常に心身をリフレッシュすれば、気持ちが整理され次の行動に繋がりやすくなる）

**8、アップデイトする** Update your knowledge.
（古い知識にしがみつかない、常に世界は進化しているので新しい情報を収集する）

**9、行動する** Take actions.
（口で言うのは簡単だが、行うのは「エイヤー」でやる）

**10、人を喜ばせる** Make the people happy.
（もちろん自分は大切だが、周りの人も喜ばせて笑顔をもらう）

# 第1部 忍者の教科書 新萬川集海

## 執筆者

| | |
|---|---|
| 伊賀忍者研究会 | 池田裕・辻直樹・前川友秀・井上直哉 |
| 甲賀忍術研究会 | 辻邦夫・渡辺俊経・馬杉義明・杉田利正 |
| 三重大学人文学部 | 山田雄司・吉丸雄哉(現在 二松学舎大学文学部) |

## 協力者

甲賀忍術研究会　伊賀流忍者博物館　甲賀流忍術屋敷　天草四郎観光協会
忍法帖料理 藤一水　徳永寺　澤村保廣　上野吉郎　辻きみ　福島嵩仁

## イラスト

David Conway　辻直樹

## 参考文献

『萬川集海』(澤村本、貝野本、和田本、藤一水本、大原本、大原勝井本、国立公文書館本、国立国会図書館本)
『正忍記』(中島篤巳本)　『忍秘伝』(沖森文庫本)　『伊乱記』(安岡本)　『伊陽旧考』(伊賀市上野図書館本)
『甲賀流忍術書』(中島篤巳本)　『甲陽軍鑑』(中島篤巳本)　『忍術応義伝』(藤一水本)

---

# 第2部 忍者の教科書2 新萬川集海

## 執筆者

### 池田 裕(いけだ・ひろし)

伊賀忍者研究会代表。伊賀在住の郷土史研究家・伊賀の國地名研究会副会長・日本地名研究所評議委員・木津川上流管内河川レンジャー。講演、執筆、イベントを通して「忍者」を日本・世界へ発信する。「生きる力」をキーワードに子ども対象の忍者教室を各地で行う。2013年より毎年ヨーロッパ・インド・台湾・アメリカで、英語での忍者講演を行う。主な著書に『忍者ってなんだ!』(揺籃社、2024年)など。

### 中島篤巳(なかしま・あつみ)

国際忍者学会会長・古流武術連合会名誉会長・片山流柔術11代・柳生心眼流居合術12代・天神明心流兵法師家・糸東流空手道師範。主な著書に、『完本 万川集海』『完本 忍秘伝』(以上、国書刊行会)、『忍の兵法』(KADOKAWA)、『正忍記』『陸軍潜水艦隊』(以上、新人物往来社)、『日本山名辞典』(三省堂)、その他多数(共著を含む)。

### 川上仁一(かわかみ・じんいち)

甲賀伴党忍之伝21代宗師家。現代に生きる「最後の忍者」とも呼ばれ、三重県伊賀市の伊賀流忍者博物館の名誉館長、日本忍者協会顧問。2011年12月よりは三重大学社会連携特任教授に就任、現在は産学官連携アドバイザーを務める。主な著書(監修)に、『イラスト図解 忍者 起源から忍術・武器まで闇の軍団の真実に迫る!』(日東書院本社、2012年)、『忍者の掟』(KADOKAWA、2016年)など。

### 渡辺俊経(わたなべ・としのぶ)

甲賀忍術研究会第二代会長。尾張藩甲賀忍者の子孫。甲賀忍術研究会では、古文書の解読や実地探索を行い、イベントや研究成果を発表するなど、甲賀忍者の真の姿を伝える。主な執筆に、『歴史読本』(2004年8月号・特集 忍びの戦国誌 忍者が描く闇の戦国誌)、『甲賀忍者の真実 末裔が明かすその姿とは』(サンライズ出版、2020年)など。

### 山田雄司(やまだ・ゆうじ)

### 吉丸雄哉(よしまる・かつや)

二松学舎大学文学部教授(日本近世文学・忍者忍術学)。主な編著書に、『武器で読む八犬伝』(新典社、2008年)、『忍者文芸研究読本』(笠間書院、2014年)、『忍者の誕生』(勉誠出版、2017年)、『忍者とは何か』(KADOKAWA、2022年)など。

**編集**

**伊賀忍者研究会** （いがにんじゃけんきゅうかい）

平成11年11月11日に発足し、伊賀を拠点に忍者を研究。文献読解やフィールドワークによる学術研究はもちろん、講演やイベント、パンフレットの作成などで情報発信を行う。伊賀忍者と忍者のふるさと「伊賀」を日本・世界へ発信し、地域経済と文化教育面での活性化に取り組む。代表者：池田裕。

**監修**

**山田雄司** （やまだ・ゆうじ）

三重大学人文学部教授（日本古代・中世信仰史）。主な著書に、『忍者の歴史』（KADOKAWA、2016年）、『忍者はすごかった』（幻冬舎、2017年）、『忍者の精神』（KADOKAWA、2019年）など。

# 完本 忍者の教科書

**2024年9月20日　初版第1刷発行**

編者　　伊賀忍者研究会

監修　　山田雄司

発行者　池田圭子

発行所　笠間書院

〒101-0064
東京都千代田区神田猿楽町2-2-3
電話 03-3295-1331　FAX 03-3294-0996

ISBN 978-4-305-71021-5
©Iganinjakenkyukai, 2024

装幀　　　石神正人（DAY）

編集協力　友文社

印刷／製本　平河工業社

乱丁・落丁本は送料弊社負担でお取替えいたします。お手数ですが弊社営業部にお送りください。本書の無断複写・複製は著作権法上での例外を除き禁じられています。

https://kasamashoin.jp